© 2015 Marcus Zeller
Umschlag, Illustration: Marcus Zeller, Deborah Zeller
Lektorat, Korrektorat: Deborah Zeller

Verlag: tredition GmbH, Hamburg

ISBN
Paperback   978-3-7345-0196-8
Hardcover   978-3-7345-0197-5
e-Book   978-3-7345-0198-2

Printed in Germany

Marcus Zeller

Das versprochene Paradies

Anregungen zur erfolgreichen, nachhaltigen und gewinnbringenden Ablösung von einem Glaubenssystem oder einer Sekte

Inhaltsverzeichnis

<VORWEGGEDANKEN>

1 Vorweggedanken

Irrtümer muss man teuer bezahlen, wenn man sie loswerden möchte.

Goethe

Diese Aussage macht deutlich, was der Abschied von einem vertrauten System, insbesondere einem Glaubenssystem, für den oder die Betroffene bedeuten kann: der Preis, den man für den „Irrtum" bezahlt, ist in jedem Falle hoch. Er besteht aus Zeit, Identität, Freiheit im Handeln und Denken, seine gewohnte Zukunftshoffnung und möglicherweise auch dem Verlust seiner Gesundheit. Das versprochene Paradies kam nicht.

Dabei benutze ich bewusst den Begriff „Abschied" anstelle von „Ausstieg": wir müssen uns darüber im Klaren sein, dass etwas nicht mehr da ist, was wir einst geliebt haben, was unser Leben, ja unser gesamtes Denken und Fühlen bestimmt hat. Es war uns lieb und teuer und hat sich nun in seiner Bedeutung für uns geändert.

Im Besonderen geht es in diesem Ratgeber um die Ablösung von Glaubenssystemen, die immer als Glaubens*gemeinschaften* (Kulte) organisiert sind. Ich benutze diese Begriffe wertungsfrei, denn der Fokus liegt nicht auf der speziellen Ausrichtung einer Glaubensgemeinschaft und deren Relevanz in der öffentlichen Wahrnehmung. Ich bin der Ansicht, dass religiöse Gemeinschaften alle Merkmale gewöhnlicher sozialer Dynamik aufweisen - eben nur in extremerer Ausprägung. Deshalb lassen sich die Mechanismen dort auf alle sozialen Systeme übertragen – selbst auf die profane Zweierbeziehung.

Der Ausstieg oder Abschied aus einer Glaubensgemeinschaft ist in der Regel mit einer gewaltigen Lebenskrise verbunden. Aber wie alle Krisen beinhaltet auch der Ausstieg eine Chance: das chinesische Schriftzeichen für „Krise" besteht daher beispielsweise aus

<Vorweggedanken>

zwei Symbolen. Das eine bedeutet „Gefahr", das andere „Chance". Die Gefahr auf dem „falschen" Weg unterwegs zu sein, beinhaltet die Möglichkeit, die Chance, den passenden Weg zu finden.

Wie kann eine Ablösung „erfolgreich" und „nachhaltig" sein? Wenn wir auf die Zeit als Mitglied des Systems mit Wehmut, Zorn, Verbitterung, Selbstverachtung, Scham, Schuld oder ähnlichen Gefühlen zurückblicken, werden wir diese Zeit als verloren oder vergeudet ansehen. Wir werden mit dieser Vergangenheit nie vollständig abschließen können – sie wird immer in unsere Gegenwart hineinwirken und unser Denken und Fühlen beeinflussen.

Eine Ablösung bedeutet nicht nur ein „frei – werden – von", sondern eine „Freiheit – zu – etwas". Eine solche Freiheit integriert die gemachten Erfahrungen und erlebt sie letztendlich als *Bereicherung*.

Es geht mir in der vorliegenden Publikation nicht darum, die Mechanismen oder das System und seine Folgen für den Menschen rein intellektuell oder sachlich zu durchleuchten. Ich möchte eine Hilfestellung geben, den eigenen Ablöseprozess aus einer Meta-Perspektive zu beurteilen, sich nicht zu verrennen, nicht hängen zu bleiben und sich über die Vergangenheit zu definieren, sondern vorwärts zu denken, dabei aber nichts auszulassen, was für eine gesunde und vollständige Loslösung notwendig ist. Denn: „danach" geht das Leben weiter, muss aber in Teilen neu „erfunden" werden. Das kann ein sehr befriedigender Prozess sein, wenn er nicht den Stempel der alten Konditionierungen und Gewohnheiten trägt.

Ich versuche dabei, alle Anregungen so knapp wie möglich zu halten. Diese Arbeit soll ein „first- aid- kid" darstellen, ein Erste Hilfe- Set für die Arbeit an sich selbst. Später kann eine intensivere Beschäftigung mit speziellen Themen nötig werden, doch zunächst geht es um eine Lagebestimmung: wo stehe ich, wo möchte ich hin? Es gibt keine zwei identischen Prozesse; bei jedem Menschen

<VORWEGGEDANKEN>

ist dieser Vorgang so einzigartig wie er selbst. Deshalb kann bestenfalls ein Impuls gesetzt werden, den der Leser oder die Leserin[1] selbst mit Leben füllen muss. Das Buch soll diesem Zweck dienen.

---

[1] Im Folgenden verwende ich der Einfachheit willen die männliche Form im Singular

<DIE GEFÜHLE ORDNEN – WENN DIE INNEREN STÜRME SICH LEGEN>

2 Die Gefühle ordnen – wenn die inneren Stürme sich legen

Dunkle Wolken hängen
über dem Glück

Donner lässt Zorn
befürchten

Blitze zucken
erleuchten einen neuen Weg

Nebel steigt auf,
verwischt den Schmerz

Bald scheint die Sonne wieder-
wärmt uns

an einem hellen Tag

Die gefühlsmäßige Bandbreite, die sich bietet, wenn man ein Glaubenssystem verlässt, ist gewaltig. Es reicht von Euphorie bis hin zur Depression. Vor allem Enttäuschung über die nicht eingetretenen Versprechungen versteckt sich gerne hinter Wut auf die Organisation oder das Glaubenssystem. Insbesondere wenn der Abschied in vollem Gange ist, wenn er offiziell vollzogen wird, wenn Freunde und Familie damit konfrontiert werden, scheint es unerträglich.

Ängste plagen einen. Das Innere ist in einem Loyalitätskonflikt zerrissen. Zweifel nagen an einem. Trauer über die verschiedensten Reaktionen der lieben Menschen liegt schwer auf der Seele. Möglicherweise sind da Selbstvorwürfe. Bei manchen findet sich eine riesige Wut: Über sich selbst oder aber über das Glaubenssystem, das man verlassen hat.

<DIE GEFÜHLE ORDNEN – WENN DIE INNEREN STÜRME SICH LEGEN>

Zunächst einmal müssen wir uns darüber im Klaren sein, was diese Gefühle sind: Sie sind Ausdruck einer unbezweifelbaren inneren Wahrheit, sie sind das Fundament unseres Befindens, unseres Glücks.

Emotionen oder Gefühle entstehen in Bereichen des Gehirns, die den rationellen und kognitiven Funktionen vorgeschaltet sind. Im Gegensatz dazu können die rationellen Bereiche, in denen das Denken stattfindet und wir die Vernunft verorten könnten, *kaum* Einfluss auf die emotionalen Funktionen und Reaktionen nehmen. Was bedeutet das? In erster Linie bedeutet das, dass wir nur schwer entscheiden können, wie wir uns fühlen.

Der Sinn der Gefühle mag u. a. darin liegen, uns zu zeigen, was gut für uns ist, und was stress- behaftet. Sie ermöglichen Individualität. Gefühle lassen sich nicht vorschreiben und gleichschalten. Sie machen, dass wir das Leben auf unsere ureigenste Art und Weise erleben.

Damit sind sie in großem Maße auch für unsere Reaktionen auf die uns umgebende Welt verantwortlich. Gefühle gehen dem Denken voraus; durch sie wird unsere innere Wirklichkeit gebildet. Nicht etwa der Verstand ist es, der bestimmt, was ich wie erlebe - immer sind es die Gefühle. Am anschaulichsten zeigt sich das bei kleinen Kindern. Ihr Verhalten repräsentiert immer ihren inneren, gefühlsmäßigen Zustand. Das ändert sich später, wenn die „Vernunft", also der bewusste Wille, in der Lage ist, sozialisierte (antrainierte) Regeln durchzusetzen. Allerdings sind unsere Gefühle stark an Muster gebunden. Wir haben uns daran gewöhnt, uns so zu fühlen, wie wir es in bestimmten Situationen tun. Das bedeutet, dass wir unsere „Emotionalen Reaktionsmuster", also unsere Gefühlsgewohnheiten, hinterfragen sollten. Besonders in fundamentalistischen Glaubensgemeinschaften werden solche Reaktionsmuster gebildet. Dort lernt man, über was Anlass zur Freude ist, wel-

<Die Gefühle ordnen – wenn die inneren Stürme sich legen>

che Dinge einen „mit Abscheu erfüllen sollen" und – was das Tiefgreifendste ist – wann das Gewissen anzuschlagen hat.

Daher gilt es zunächst, ein wenig Ordnung im Gefühlschaos zu schaffen: Welche Gefühle haben ihre Wurzel in mir selbst? Und welche sind „antrainiert"?

Grundsätzlich ist es von größter Wichtigkeit, allen Gefühlen Raum zu geben, sie ganz zu fühlen, sie wahrzunehmen und zu würdigen. Das bedeutet auch, sie nicht auszuagieren, nicht in den Aktionismus zu gehen, nicht in die Flucht der Ablenkung, nicht in die Sucht oder die Betäubung. Es bedeutet, diese Gefühle stillzuhalten. Ich halte sie in mir still, schaue sie an, lasse sie zu. Sie wollen gesehen werden! Dann werden sie selbst ruhiger. Sie verwandeln sich in Gehilfen, in zuverlässige Wegweiser. Sie verlieren ihre Bedrohlichkeit und schrumpfen auf eine gesunde Größe, die sich handhaben lässt. Handhaben? Wozu? Um ihr Wachstumspotential zu nutzen und sie als Wegweiser zu gebrauchen. *Sie* waren es, die einen Bruch erzeugt haben, nämlich als du dich in der Gemeinschaft oder Organisation nicht mehr wohlgefühlt hast. Dieser Bruch war der Beginn eines Weges in die Freiheit und seine Initialzündung lieferten deine Gefühle.

In der Glaubensgemeinschaft hast du gelernt, deinen Gefühlen zu misstrauen. Gefühle können gefährlich sein, sie können einen irreführen, so hast du es vermutlich gelernt. Tatsächlich ist das Gegenteil der Fall. Ist eine Angst etwa weniger real, nur weil sie keine objektive Grundlage im Außen hat? Keinesfalls! Oder hilft es einem Kind, wenn es hört, „es brauche keine Angst zu haben"? Es hat sie aber trotzdem!

Gefühle bilden unsere innere *Wirk*lichkeit, denn sie *wirken*. Unser ganzes Leben ist auf Gefühle ausgerichtet: Wir streben nach Glück! Glück ist kein Zustand, der verstandesmäßig zu erschließen ist oder den man erreicht, wenn man genug und diszipliniert gearbeitet hat. Und was hat den Menschen am meisten bewegt, was hat

<DIE GEFÜHLE ORDNEN – WENN DIE INNEREN STÜRME SICH LEGEN>

seinem Leben Sinn gegeben? Das Gefühl, das sich einstellt, wenn man sein Kind oder seinen Partner im Arm hält: Liebe. Vollendete Liebe ist die Gewissheit, dass es gut ist.

Der Verstand hingegen ist für sich alleine völlig ungeeignet, Zufriedenheit und Glück zu erschaffen. Politische Konstrukte wie der Kommunismus und der Nationalsozialismus waren Ideen, die die rein verstandesmäßige Durchsetzung einer Vorstellung eines Weges zum Glück verkörperten. Geschlossene Glaubenssysteme tun das ebenfalls. Als Mitglied lernt man, seinen inneren Wegweisern, seinen Gefühlen, zu misstrauen. Der Verstand wird überbetont und eine scheinbare Vernunft wird allem vorgeschaltet. Das hat fatale Folgen; der Einzelne folgt dann nicht mehr einer inneren Wahrheit, die allen Menschen gleichermaßen zur Verfügung steht (nämlich der Liebe), sondern der Vorstellung von Vernunft (oder Wahrheit) derjenigen Gruppe, der er angehört. Das Ergebnis dessen sehen wir vor uns: Eine zersplitterte Menschheit mit einer unvereinbaren Vielfalt von Vorstellungen von „Vernunft".

In den Gefühlen liegt der Schlüssel zur Heilung. Weil die Menschen ihre unangenehmen Gefühle nicht fühlen wollen, gehen sie in die Abwehr. Diese Abwehr sieht oft gar nicht wie eine Abwehr aus; sie kann durchaus „vernünftig" wirken. Leider ist sie oft aber der Versuch, durch Aktionismus weg von der Konfrontation und dem Durchleben unangenehmer Gefühle zu kommen. Dabei ist die Angst der wirkungsvollste Schutz. Es liegt allerdings ein erstaunlicher Frieden *hinter* diesem unentdeckten Land. Dort finden sich keine Rache mehr, kein Hass und kein Zorn. Dazu ist es aber notwendig, die unangenehmen Emotionen wie beispielsweise die Angst zunächst zuzulassen, sie auszuhalten. Dann zeigt sich oft, dass sie sich nur auf ein Szenario in meiner *Vorstellung* bezieht. Dieses Szenario aber ist auf eine spekulative Zukunft bezogen und hat keine wirkliche Grundlage in der tatsächlichen Gegenwart.

<Die Gefühle ordnen – wenn die inneren Stürme sich legen>

Gefühle bilden das Spektrum menschlichen Seins. Indem wir beginnen, alles in „Gut und Schlecht" einzuteilen, verleugnen wir einen Teil dieses Spektrums. Diesen verleugneten Teil müssen wir mit „Tun" füllen. Dann übernimmt der Verstand das Kommando und versucht alles zu unterwerfen und zu kontrollieren, was nicht seiner Vorstellung von „Gut" entspricht. Der Wahnsinn beginnt.

Wenn du von einer Glaubens- oder Religionsgemeinschaft Abschied nimmst, durchlebst du in aller Wahrscheinlichkeit ein wahres Wechselbad der Gefühle und tiefer Emotionen.

Im Folgenden wollen wir einige dieser Emotionen im Einzelnen anschauen und sehen, wie sie einzuordnen sind, wo ihre möglichen Konditionierungen liegen und ihr Potential zum persönlichen Wachstum.

2.1 Angst

Angst dient dem Schutz. Angst soll uns vor Gefahr bewahren. Das vorzustellen, fällt uns nicht schwer, wenn es um eine spezifische Angst geht, beispielsweise Höhenangst. Etwas komplizierter ist es mit der unspezifischen Angst. Ein diffuses Gefühl der Furcht, z.B. etwas falsch gemacht zu haben, nicht zu wissen, wie es weitergeht oder die Angst vor sozialer Isolation, also vor Einsamkeit.

Die Angst, etwas falsch gemacht zu haben, kann als Hinweis gewertet werden, dass man innerlich noch mit dem Maßstab und den Normen des Systems identifiziert ist. Das Gewissen wurde jahrelang oder jahrzehntelang offen oder subtil von einem engen und festgesetzten Wertemaßstab geprägt. Jetzt greift es, es regt sich. Den Auftrag hat es von uns bekommen. Das kann man nüchtern zur Kenntnis nehmen; es ist die verdeckte Aufforderung, seinen eigenen Wertemaßstab aufzubauen. Darauf wird in einem späteren Kapitel genauer eingegangen.

Auch die Angst vor Einsamkeit kann stark sein.

<Die Gefühle ordnen – wenn die inneren Stürme sich legen>

Dieser Weg – wird kein leichter sein – dieser Weg- wird steinig und schwer. Nicht mit vielen – wirst du dir einig sein – doch dieses Leben bietet so viel mehr!

Diese Textpassage des Sängers Xavier Naidoo beschreibt vielleicht die Situation treffend. Alte Freundschaften haben ihren Boden verloren. Aber das ist eigentlich nur ein Indiz dafür, dass sie nicht auf der Basis der Beziehung zwischen Mensch und Mensch standen, sondern auf dem Boden des gemeinsamen Konsenses. „Einheit" war vielleicht das Zauberwort, aus dem heraus die Illusion von Gemeinsamkeit oder gar Freundschaft definiert wurde. Aber diese Freundschaft war bedingt: Nur, wenn du dich innerhalb der Grenzen ihrer Bedingungen bewegt hast, wurdest du akzeptiert.

Nun gilt es, neue Freundschaften aufzubauen; Beziehungen, die ihre Grundlage nur in dir als *Mensch* haben. Es kann eine Weile dauern, bis sich diese aufbauen – aber es wird nicht ewig sein.

Eine weitere Form der Angst kommt aus der Orientierungslosigkeit: Wie geht es weiter in meinem Leben? Das ist eine Frage von ungemeiner Reichweite, denn sie betrifft möglicherweise die Familie, die Arbeit, Hobbys und Vorlieben, innere Überzeugungen, die religiöse Ausrichtung, die eigene Wertewelt usw. Bisher lagen die Dinge unverrückbar da, wo sie waren – Zweifel ausgeschlossen.

In der Psychologie gibt es dafür den Ausdruck des „floating", des „Flutens": Man verliert quasi den Boden unter den Füßen, auf dem man stand. Im Extremfall kollabiert die ganze gewohnte Welt. Nichts ist mehr wie es war und man spürt: Ein Zurück ist ausgeschlossen und auch nicht gewünscht. Die Bewegung hat eine Eigendynamik entwickelt, die mich mitreißt. Und es fehlt das Vertrauen. Worauf auch?

Die Antwort könnte lauten: Auf das Vertrauen in dich selbst. Du bist ein erwachsener Mensch, der gerade eine ungeheure Leistung

<DIE GEFÜHLE ORDNEN – WENN DIE INNEREN STÜRME SICH LEGEN>

vollbringt: Du befreist dich von dem, was dir nicht nützt, du bringst die Stärke auf, dir diese Freiheit zu erkämpfen, gegen deine Gewohnheiten und vermutlich auch gegen einen Großteil deiner Umwelt. Dazu stehen dir verlässliche Werkzeuge zur Verfügung: Dein Verstand auf der einen Seite und dein Gefühl auf der anderen. Dein Verstand hat es dir ermöglicht, Gewohnheiten und Strukturen zu durchschauen, die dir nicht mehr nützen. Dein Gefühl leuchtet dir den Weg zu deiner inneren Stimmigkeit, es strebt nach einer Harmonie, die im Außen fehlt.

Auch wenn es plakativ klingt: Es geht weiter! Vor dir steht ein freieres und selbstbestimmter-es Leben, in welchem du in viel größerem Maße du selbst sein darfst und wirst.

Die Angst vor der Zukunft ist ein Schutz: Sie bewahrt dich davor, unbedacht und unbewusst in die nächste Abhängigkeit zu geraten, sie mahnt dich, achtsam zu sein. Sie fordert dich auf, dich um dich selbst zu kümmern, dir über dich selbst klar zu werden. Du bist bereits losgelaufen. Auch wenn du den Weg nicht siehst, ist er bereits da. Vertraue in deinen nächsten Schritt. Der Boden wird dich tragen.

Auch die Angst vor einem eventuellen göttlichen Strafgericht wiegt schwer. Die Überzeugungen, die jahrelang dein Leben bestimmt und dein Denken geprägt haben, sind noch nicht überholt. Sie wirken noch in dir. Ich werde in dem Kapitel „Hinterfragen leicht gemacht" ausführlicher darauf eingehen.

2.2 Zweifel

Wenn du aus einem festen Glaubenssystem kommst, hast du einen Vertrauensbruch erlebt: Die Welt ist nicht so, wie man sie dir erklärt hat. Du hast erkannt, dass es eine Mogelpackung war, oder aber dass die Menschen dahinter nicht leben, was sie predigen. Du hast vielleicht auch deine Abhängigkeit erkannt, in welche du recht perfide eingebunden warst.

<Die Gefühle ordnen – wenn die inneren Stürme sich legen>

Du hast dir nicht erlaubt, zu zweifeln. Der Zweifel ist ein zerstörerisches Werkzeug derer, die nur Schlechtes im Sinn haben, so hieß es. Nach außen hin durftest du ihn benutzen, nicht aber im System selbst.

Tatsächlich aber ist der Zweifel ein methodisches Werkzeug der Erkenntnisfindung. Er ist dir eine gute Hilfe.

Nun durchdringt er aber plötzlich alles: Wem kann ich vertrauen? Kann ich überhaupt mir selbst vertrauen? Ist es richtig, was ich tue? Wie denken die Menschen über mich, die mir wichtig sind? Stehe ich vor Gott verurteilt da? Hier ist Geduld gefragt. In dir wurde die Überzeugung geschaffen, dass es auf jede Frage eine schlüssige Antwort gibt. Du bist es gewohnt, Erklärungen zu bekommen. In einer solchen Denkweise hat Zweifel keinen Platz. Ein solches Denken hält Zweifel nicht aus; es muss „die Antwort" finden. Dieses Denken ist aber Quelle der Intoleranz. Es ist die Ursache der Überzeugung, dass es nur eine „Wahrheit" gibt, und zwar die der eigenen Gemeinschaft.

Menschen mit diesem Hintergrund haben kaum „Ambiguitätstoleranz": Die Vorstellung, dass mehrere Meinungen nebeneinander existieren, die sich teilweise auch widersprechen dürfen, ist ihnen ein Gräuel. Darauf basiert die scheinbare Stabilität ihres Weltverständnisses.

Nun darf er da sein, der Zweifel. Aber er darf sich nicht zum Ankläger deiner Person aufschwingen. Er darf deine Entscheidung nicht immer und immer wieder Infrage stellen. Er hat dir geholfen, bis hierher zu kommen. Deshalb sollte er sich auf seine Aufgabe beschränken und nicht in der Vergangenheit, sondern in der Zukunft wirken. Und dort nicht etwa, um dein neues Leben zu attackieren, sondern immer wieder zu überprüfen, ob du nicht in alte, mechanische Muster des Denkens und in Schleifen der Angst zurückfällst. Das Leben kann eine Bereicherung erfahren, wenn man sich mit den verschiedensten Glaubenskonzepten, philosophischen

<DIE GEFÜHLE ORDNEN – WENN DIE INNEREN STÜRME SICH LEGEN>

Ideen und alternativen Modellen auseinandersetzt, die der menschliche Geist hervorgebracht hat. Du wirst feststellen, dass es in deiner Hand liegt, die Freiheit in deinem Kopf und damit in deinem Leben zu schaffen.

Deine Loyalität ist von nun ab nicht mehr einer veränderbaren Lehre geschuldet. Du bist weiterhin loyal: Du möchtest keine Lüge leben. Das zeichnet einen reifen, würdevollen und integeren Menschen aus. Daran besteht kein Zweifel!

2.3 Wut/ Ärger

Der Vertrauensbruch, den ich beim Zweifel beschrieben habe, wird nicht ohne Ärger und Wut zu verarbeiten sein. Wir empfinden Wut, wenn wir uns betrogen und manipuliert fühlen. Die Wut kann sich auch gegen uns selbst richten, denn immerhin haben wir das „mit uns machen lassen".

Dabei kann Ärger sehr produktiv sein. Er zeigt uns, wo etwas gegen unsere Werte verstößt, unsere Rechte eingrenzt oder unsere Freiheit beschränkt. Der Ärger kann mir als Kraftquelle dienen um Möglichkeiten zu finden, etwas zu ändern. Er ist der Motor, der mich wieder dorthin bringt, wo ich mich wohlfühle. Ich kann den Ärger auch zur Selbsterkenntnis nutzen: Wo bin empfindlich, wo fühle ich mich schwach und gehe in die Abwehr? Dort bin ich verletzlich. Ärger und Wut sind scharf voneinander abzugrenzen, denn Wut ist der Affekt des Ärgers, also der unmittelbare Ausdruck. Wut wirkt selten positiv, ebenso wenig wie der etwas pathetischere Bruder der Wut, nämlich der Zorn. Kein Mensch, der zornig ist, befindet sich in seiner Mitte. Es ist schwer vorstellbar, wie ein zorniger Mensch gleichzeitig bedacht, mitfühlend oder verständnisvoll ist. Der Zorn kann ein Ventil sein, wenn der Innendruck unerträglich wird, aber er ist ein schlechter Handlungsleiter. Es ist sinnvoll, dem Ärger genaue Aufmerksamkeit zu schenken. Auf wen oder auf was bin ich wütend? Was genau macht mich so wütend? Wut wird erst möglich, wenn eine Erwartung enttäuscht

<DIE GEFÜHLE ORDNEN – WENN DIE INNEREN STÜRME SICH LEGEN>

wurde. Ohne Enttäuschung gibt es keine Wut (Deshalb ist es im Übrigen auch so unwahrscheinlich, dass Gott wütend wird – er hätte zuvor enttäuscht werden müssen. Enttäuschung aber ist ein Mangelzustand, der Gott wesensfremd sein muss). Bitte schau, worin deine enttäuschten Erwartungen bestehen. Sie sind ein wertvoller Hinweis auf deine Lebensziele, deine innersten Träume. Sind es die Menschen, die dich so enttäuscht haben? Du sehnst dich also nach tragfähigen Beziehungen, danach, so angenommen und akzeptiert zu werden, wie du bist. Du wünscht dir Vertrauen in deine Urteilskraft, du wünscht dir Liebe ohne Bedingungen.

Der Begriff der *Ent-Täuschung* transportiert eine weitere Möglichkeit des Ärgers: Die Täuschung endet. Allerdings hast du sie möglich gemacht. Das Gefühl des auf – den – Leim – gegangen – Seins hat einen bitteren Geschmack. Der Ärger richtet sich gegen dein vermeintliches Versagen: Wie konnte es möglich sein, sich so verblenden zu lassen? In Wirklichkeit hast du dich selbst verblendet. Das ist nicht negativ gemeint. Dennoch – du selbst hast dich täuschen lassen. Wer geblendet ist, kann nicht alles sehen. Es ist anzunehmen, dass du gewisse Dinge nicht sehen wolltest. Das Glaubenssystem hatte einen Nutzen für dich, doch jetzt ist dir die Täuschung sichtbar geworden.

Nun hast du die Stärke und Größe, nicht vor der unangenehmen Realität in ein System zu fliehen, welches Sicherheit vortäuscht. Oder andersherum: Du besitzt nun die Stärke, ohne das stützende Korsett in dieser Welt alleine da zustehen. Du hast die Täuschung erkannt. Das gilt es zu würdigen. Nutze den Ärger weiterhin dazu, vollständig ehrlich zu sein und dich nicht mehr täuschen zu lassen!

2.4 Traurigkeit

Du hast dich von etwas einengendem befreit und jetzt fühlst du Trauer? Ist das nicht widersprüchlich? Die Trauer ist ein wichtiger Vorgang der Vergangenheitsbewältigung. Sie benötigt ihren Platz.

<DIE GEFÜHLE ORDNEN – WENN DIE INNEREN STÜRME SICH LEGEN>

Etwas, was dir einmal lieb und teuer war, ist gegangen oder zer- fällt gerade regelrecht. Freundschaften scheinen dem nicht Stand zu halten. Du fühlst dich verraten – die Ursachen der Trauer äh- neln denen der Wut und des Ärgers, allerdings hat die Trauer eine andere Funktion. Sie hilft abzuschließen. Auch sie kann kreativ verwendet werden, dazu muss sie aber einen Ausdruck finden. Tränen dürfen sein! Bringe deine Gefühle zu Papier oder fasse sie in andere Form. Alles, was *Aus-druck* findet kann dich *innen* nicht mehr völlig belasten. Trauer kann unter anderem auch gut über den Körper empfunden werden. Sie sitzt meist als Enge- oder Druckgefühl in der Brust. Alles, was deine Brust weitet, ist eine Hilfe bei der Bewältigung der Traurigkeit: Sport und Bewegung überhaupt lässt tiefer atmen und bringt Bewegung in die Trauer. Wenn du bequem auf dem Sofa oder im Bett liegst, spürst du die Enge vielleicht am deutlichsten. Dann atme bewusst tief und lasse sie einfach da sein. Mit der Zeit wirst du feststellen, dass sie sich nicht mehr so schwer anfühlt.

2.5   Scham, Schuld

Der Ausstieg aus einem Glaubenssystem ist die Folge einer un- überwindbaren und nicht mehr leb- baren Differenz zwischen des- sen Lehre und dem eigenen Empfinden und Denken. Im verinner- lichten Denkkomplex, der durch die Lehre der Glaubensgemein- schaft geformt wurde, gilt diese Differenz als Versagen. In deren Vorstellung hat man die Idee, die anderen, das eigene Versprechen, ja sogar Gott verraten. Man ist nicht „standhaft" geblieben, man ist den „Versuchungen erlegen", kurz: Man ist schuldig. Erschwerend kommt hinzu, dass im Glaubenssystem ein egalisiertes Bild von „Abtrünnigen" geschaffen wurde, in dessen Schablone man nun gepresst wird. Nicht selten tut man das selbst.

Schuld ist zudem ein ganz zentrales Thema in den allermeisten Religionen: Im christlichen Glauben haben wir gelernt, dass wir unter den Folgen der „Erbsünde" stehen und uns nicht selbst von

<DIE GEFÜHLE ORDNEN – WENN DIE INNEREN STÜRME SICH LEGEN>

Schuld befreien können. Jetzt, da du die Gemeinschaft verlassen hast (oder aus ihr ausgeschlossen wurdest), behandeln dich deine alten Freunde wie einen Schuldigen. Ungeachtet, wie du heute darüber denkst: Dein Unterbewusstsein hat diesen Schuldbegriff mit hoher Wahrscheinlichkeit gespeichert und es wird ein ganzes Stück Arbeit, dich davon zu befreien, aber dazu später mehr. Jedoch eines kann nicht genug betont werden: Du trägst *keine* Schuld!

Es ist sinnvoll, dir klarzumachen, dass zwei Kräfte in deinem Innern wirken: Da ist zum einen die antrainierte Art zu denken, dieselbe, die auch deine alten Freunde und/ oder deine Familie antreibt. Diese Denkart hat gelernt, dass die Schuld immer zuerst beim Einzelnen liegt, aber nie im System. Diese Denk- und Fühl-Gewohnheit steht im Konflikt zur „neuen" Kraft: Diese neue Kraft erkennt Fehler im System, Brüche in der Logik und Irrtümer in der Lehre. Sie wird angetrieben durch die eigene Fähigkeit, Schlüsse zu ziehen und dem Wunsch nach Harmonie im Innern und im Äußeren. Das ist die Kraft, die die Freiheit anstrebt, heraus aus der ungesunden Abhängigkeit in die Echtheit.

2.6 Gefühle der Nutzlosigkeit

Lange Zeit hat die Glaubensgemeinschaft den Sinn im Leben quasi vorgegeben. Durch sie wurde definiert, was das endgültige Lebensziel war, welche Freizeitaktivitäten akzeptabel sind, welche Unterhaltung in Ordnung und welche es nicht ist und in welche Richtung der Intellekt denken darf und in welche nicht. Oftmals war der ganze Tagesablauf direkt oder indirekt davon betroffen. Die entstehende Lücke kann zunächst als Leere oder als Gefühl der eigenen Nutzlosigkeit erlebt werden. Tatsächlich ist es so, dass Menschen, die lange in einem stringenten Glaubenssystem gelebt haben, kaum mehr die Freiheit selbst ausfüllen können, die das Leben bietet. Das eigene Leben stand ja vermeintlich im Dienste Gottes, man selbst war als Individuum zweitrangig. Darüber hinaus konnten vielleicht einige der eigenen Neigungen nicht ausgelebt werden. Unerfüllte Sehnsucht wandelte sich dann unter der Oberfläche zu Frustration oder Resignation. Nicht selten hat man unter Aufbringung großer Anstrengung das getan, was man für richtig und notwendig gehalten hat und war dabei nicht gerade zimperlich mit sich. Diese Grobheit mit der eigenen Person gab einem anschließend das Gefühl, etwas geleistet zu haben. In Wirklichkeit hat man seine Seele vergewaltigt. Jetzt ist dieser Druck abgefallen. Es scheint nicht nur Erleichterung, sondern auch eine Leere übrigzubleiben. Oder ein ständiges Getrieben – sein, welches diese Leere zu füllen sucht.

Du hast gelernt, dass Leistung nötig ist, um Gott zu gefallen oder überhaupt als Mensch wertvoll zu sein. „Der Glaube ohne Werke ist tot" ist das Motto der Werkegerechtigkeit, die den Menschen als unzureichend darstellt. Das ist das Werkzeug, mit dem sich die organisierte Religion seit Jahrhunderten Macht und Kontrolle über die Menschen gesichert hat.

Jetzt musst du ein neues Selbstbild für dich aufbauen – egal ob du dich selbst weiterhin als gläubigen Menschen siehst oder nicht. Dazu später mehr, aber an dieser Stelle der Rat: Beginne, deinem Leben den Sinn zu geben, den du möchtest! Finde heraus, was dich wirklich interessiert. Erlaube dir viel Zeit, in welcher du dir Ruhe, sinnliche Freude und geistige Anregung auch im Kleinen gönnst. Schau in die Tiefe. Auch wenn nun die Begrenzungen weggefallen zu sein scheinen und alles möglich wird, nimm dir die Zeit, den Dingen auf den Grund zu schauen. Das gilt insbesondere für die unangenehmen Gefühle. Hinter diesen liegt oft die größte Stärke, wenn man sie ganz angenommen hat und nicht innerlich oder buchstäblich davon läuft. So ist es auch mit dem Gefühl der Nutzlosigkeit, dass sich auch in Langeweile äußern kann. Hinter der Langeweile liegt manchmal ein großer innerer Frieden, die Gewissheit, dass man seine Existenz nicht „verdienen" muss, sondern dass man Teil eines größeren Ganzen ist, dass man Teil einer großen Vollständigkeit ist.

2.7   Orientierungslosigkeit

Wenn du die Glaubensgemeinschaft zumindest formell hinter dir gelassen hast, stehst du vor einem unüberschaubaren Feld an Möglichkeiten. Christliche Freiheit, Atheismus, Materialismus, Philosophie, Vergnügung – alles buhlt um deine Aufmerksamkeit wie die Verkäufer und Marktschreier auf einem Basar.

Vielleicht ist da aber auch nur Leere. Das Gefühl wird als „Floating" bezeichnet: Das Leben „flutet" dich gewissermaßen und du verlierst den Boden unter den Füßen. Als nächstes kommt die Feststellung, dass du schwimmen kannst!

Dein Weltbild ist kollabiert. Alle Stabilität ist womöglich zusammengebrochen, alle Sinnfragen sind nun wieder unbeantwortet. Viele Antworten kommen aus den Denkgewohnheiten: Dein Innerstes versucht sozusagen, mit den üblichen Mitteln und Werkzeugen den Kurs zu halten. Du erklärst dir deine Entscheidungen andauernd selbst. Der Verstand kommt mit dem davon galoppierenden Gefühl, welches in die Freiheit möchte, nicht mit.

Aber: Bald wirst du dich neu erfinden!

<WIE FUNKTIONIERT EIN GLAUBENSSYSTEM?>

3 Wie funktioniert ein Glaubenssystem?

Glaube denen, die die Wahrheit suchen, und zweifle an denen, die glauben, sie gefunden zu haben.

André Gide

Für die meisten Menschen ist es schwer verständlich, wie man überhaupt einer „Sekte", also einer religiösen Sondergemeinschaft angehören kann. Man hält deren Mitglieder für verschroben, fanatisch oder im schlimmsten Falle verblendet. Dabei wird übersehen, dass jede Glaubensgemeinschaft auch etwas zu bieten hat. Die Mechanismen hinter dem „Glauben" greifen nur, weil sie im Individuum auf eine Resonanz stoßen. Sie können „andocken", weil es ihnen der der Einzelne durch seine persönliche Disposition und seine innere Haltung ermöglicht. Dazu gehören seine Ängste, seine Sehnsüchte, seine (Kindheits-) Erfahrungen und natürlich seine Religiosität. Mit diesen Mechanismen möchten wir uns zunächst beschäftigen. Sie aufzudecken ist Hilfe, sich selbst „auf die Schliche" zu kommen, also sich selbst zu durchschauen und aus den gemachten Erfahrungen den größtmöglichen Nutzen ziehen zu können. Neben der gefühlsmäßigen Aufarbeitung ist die intellektuelle Durchdringung der strukturellen Natur eines Kultes ein wichtiger Schritt, um dazu in eine gesunde Distanz zu kommen.

3.1 Begriffserklärung „Kult"

Der Ausdruck „Glaubensgemeinschaft" ist neutral. Er bewertet nicht. In den Medien und in der Öffentlichkeit findet sich oft der Begriff der „Sekte", welcher aber einen sehr negativen Beigeschmack hat. Aus dem englischen hat sich im Deutschen inzwischen der Ausdruck „Kult" („Cult") etabliert, den ich auch benutzen möchte. Der Kult meint nicht unbedingt das kultische, was wir gerne mit dem mystischen oder okkulten verbinden, sondern er bezeichnet eine Gemeinschaft oder Gruppe, welche eine spezielle,

<WIE FUNKTIONIERT EIN GLAUBENSSYSTEM?>

eigene und festgelegte Form der Gottesanbetung bzw. Spiritualität pflegt. Dabei weist sie mehr oder weniger totalitäre Strukturen auf, die auf den ersten Blick nur schwer oder gar nicht zu erkennen sind.

3.2 Der Kult als Konzept

Der menschliche Verstand ist permanent bestrebt, Erklärungen für die Welt, die ihn umgibt, zu finden. Unsere westliche, aufgeklärte Welt hat den Anspruch, Antworten liefern zu können. Es fällt uns schwer zu akzeptieren, dass es Phänomene gibt, die wir nicht erklären können. Dann sehen wir die Probleme, denen der moderne Mensch gegenübersteht. Viele dieser Probleme scheinen übermächtig: Kriege und bewaffnete Konflikte, die Energiefrage, die Umweltverschmutzung, die sozialen Probleme, die Armut und der Hunger auf der Welt – all das hat eine Dimension angenommen, die global ist und nicht mehr zu beherrschen oder zu lösen zu sein scheint. Es ist dem Menschen aber offenbar unmöglich, davor hilflos zu kapitulieren oder aber zumindest seinen Blick davon abzuwenden und sich auf seinen persönlichen Bereich zu beschränken. Er möchte *Lösungen*. Diese liefert der Kult – scheinbar. Er befreit den Einzelnen von der Verantwortung, für sich selbst eine Antwort zu gestalten, Sinn in sein Dasein zu legen und eine eigene Moral zu gestalten. Das tut er mittels seines eigenen Konzeptes. Das Konzept ist in diesem Fall ein Programm oder eine Lehre (Doktrin), die in sich geschlossen ist. Es ist eine komplexe Erklärung dafür, warum die Welt so ist, wie sie ist. Die Schlüssigkeit einer Erklärung wird zum *Beweis* ihrer Richtigkeit: Die „Wahrheit" ist *einfach* zu verstehen, so die Grundregel im Kult.

Die Schwierigkeit daran leuchtet ein: Konzepte sind austauschbar. Deshalb sind auch alle Glaubensgemeinschaften logischerweise der Ansicht, ihr Konzept sei jeweils das Richtige und einzig Wahre. Der Kult interpretiert seine eigene Ordnung und Logik in die Außenwelt hinein, ohne sich dessen bewusst zu sein. Das perfide an solch scheinbar schlüssigen Konzepten ist, dass sie sehr schnell zu Denkgewohnheiten werden. Der Einzelne verliert seine Fähigkeit, sein individuelles Urteilsvermögen umfassend zu gebrauchen. Das Denken ist nicht mehr frei; es hat sich dem kollektiven Denken der Glaubenslehre angepasst. Die Denkgewohnheiten oder Denkmuster liegen wie ein Filter vor dem Bewusstsein. Ein sich selbst-bestätigendes Regelsystem ist entstanden: Ich bin „richtig", wenn mein Denken mit dem kollektiven Denken der Gruppe deckungsgleich ist. Abweichungen werden von mir korrigiert. Das Gefühl, die Welt und die sie bewegenden Kräfte verstanden zu haben, machen Fragen im Ansatz überflüssig. Das Mitglied betrachtet das eigene Glaubenskonzept als Repräsentation der Realität, es wähnt sich sozusagen in einer „erleuchteten" Position. Tatsächlich hat es durch das verinnerlichte Konzept seine Weltsicht zementiert und seine geistige bzw. intellektuelle Autonomie und Kritikfähigkeit aufgegeben. Seine Zukunfts- und Lebenshoffnung, bzw. Perspektive wird durch den Kult formuliert und definiert.

In jedem Fall denkt der Betreffende auf einem Niveau unterhalb seines Potentials. Sein Denken findet innerhalb einer Schein-Wahrheit statt, die zugunsten ihrer inneren Stimmigkeit Unstimmigkeiten ausblendet.

Eine nicht zu unterschätzende Verstärkung bekommt das gewählte Glaubenskonzept durch ein Phänomen, welches ich „Erlebbarkeit" nenne. Der Gläubige macht Erfahrungen, die auf ihn „lebendig" wirken, die ihm „wirklich" passieren, die er sich nicht „einbildet". Das können Wunder sein, die Erhörung von Gebeten, Heilungen, das Durchbrechen einer Sucht oder das „Wirken des Heiligen Geistes". In jedem Falle aber hat der Betreffende die feste Überzeugung, einen „Beweis" für seinen Glauben zu *erleben*. Dadurch entsteht sozusagen ein selbstbestätigender und selbstverstärkender Mechanismus, der das Mitglied von der „Richtigkeit" seiner Wahl überzeugt. Dabei unterliegt er einer sogenannten „se-

<WIE FUNKTIONIERT EIN GLAUBENSSYSTEM?>

lektiven Wahrnehmung", die dazu führt, dass er alles Erlebte durch den Filter seiner vom Glaubenskonzept gefärbten Brille sieht. Die Ursache für alles Mystische, für alle „Wunder" und „übernatürlichen" Ereignisse wird im wahren Glauben gesehen, in dessen Besitz sich der Betreffende wähnt.

3.3 Das Schuldkonzept

Die zentrale Säule der christlichen Glaubensgemeinschaften ist das Schuldkonzept. Der Umgang damit hat verschiedenste Ausprägungen, die durchaus befreiend und insofern positiv wirken können. Genannt sei an dieser Stelle die lutherische Auslegung der Schuldfrage. Allerdings ist bei den meisten Kulten eine eher belastende Interpretation der Schuldthematik zu beobachten. Dabei wird die Schuld als Verpflichtung zum *Werkegehorsam* genutzt: Nicht die Erlösung durch Christus steht beispielsweise im Vordergrund, sondern die Werke, durch die ich „beweisen" muss, dass ich dieser Erlösung würdig bin. Damit stehe ich unter einem permanenten Innendruck. Die Zeit darf nicht mehr einfach verstreichen, Müßiggang und Nichtstun verursachen ein schlechtes Gewissen und treiben mich zum Aktionismus. Der wiederum verhindert, dass ich allzu sehr ins Nachdenken komme.

Schuld kommt aus einer nicht erfüllten Erwartung: Ich bin meines „Glückes (oder Unglückes) Schmied". Schuld impliziert Leistungsdruck, nämlich dass ich mich von Schuld befreien muss oder zumindest einer Befreiung für würdig erachtet werde. Ich bin so wie ich bin, nicht genug. Das versprochene Paradies muss „verdient" werden.

Die (angenommene) Schuldigkeit führt dazu, dass ich innerlich bereit bin, mich, im Speziellen mein kritisch- distanziertes Denken, vollständig Infrage zu stellen. Mein Wert als Mensch ist demnach nicht „a-priori", also aus sich selbst heraus, sondern er ist *bedingt*. Nur dank meiner Treue zur Lehre kann ich hoffen, frei von Schuld zu werden.

<WIE FUNKTIONIERT EIN GLAUBENSSYSTEM?>

Es kann nützlich sein, sich von solchen Überzeugungen (Glaubenssätzen) – zumindest eine Zeitlang – zu distanzieren um zu sehen, ob sie mir noch von Nutzen sind. Der Glaubenssatz ist eben nur ein Glaubenssatz und keine erwiesene Tatsache, sondern ein Konzept zur Erklärung anderer Konzepte. So existiert der Begriff der „Sünde" nur in Verbindung mit dem Schuldkonzept. Verwandeln wir den Begriff *Schuld* in *Verantwortung*, dann steckt viel Selbstbestimmung darin: Ver- antwortung als deine Kraft und Fähigkeit, dem Leben eine *Antwort* zu geben, und zwar auf deine unverwechselbare und einzigartige Art und Weise.

3.4   Merkmale eines Kultes

Im Internet findet man verschiedene, sich jeweils gleichende Listen von Merkmalen, an denen man eine „Sekte" erkennen kann. Ich halte ein solches Schubladendenken für problematisch, denn der gleiche Maßstab, konsequent angewandt, lässt so manchen Sportverein als totalitären Kult dastehen – von politischen oder militärischen Einrichtungen ganz zu schweigen.

Außerdem ist es ja die eigene Erfahrung, welche einen deutlich hat spüren lassen, dass man sich in einem rigiden oder totalitären System befindet oder befunden hat.

Dennoch gibt es einige Merkmale, die durch ihre Eindeutigkeit und ihre deutliche Ausprägung als Bewertungskriterium gelten können. Dazu gehören:

1.   Dass die Lehre absoluten Wahrheitsanspruch erhebt. Alle anderen Religionen sind auf dem falschen Weg und sogar von Satan irregeleitet.

2.   Sie ist eschatologisch ausgerichtet, d.h. gemäß der Lehre steuert die Welt auf eine Katastrophe zu.

3.   Der Einzelne muss seine Ansichten und Meinungen der Lehre unterordnen.

<WIE FUNKTIONIERT EIN GLAUBENSSYSTEM?>

4. Die Gruppe verfügt über Sanktionsmöglichkeiten, mit denen Abweichler „bestraft" oder aus der Gemeinschaft ausgeschlossen werden können.

5. Von den Mitgliedern wird außer Gehorsam auch Disziplin und persönlicher Einsatz erwartet.

6. Es gibt einen Führer (oder eine Gruppe von geistigen Führern), der alleine befugt ist, die Lehre zu interpretieren oder zu ändern.

7. Konformität wird als erstrebenswert und edel hingestellt. Der Begriff der „Liebe" wird von der Gruppe bzw. deren Führung inhaltlich und formell definiert.

8. Es gibt einen besonderen Wortschatz innerhalb der Gruppe.

9. Es existieren (erfrischend einfache) Erklärungen für nahezu alle Fragen und Probleme des Lebens.

10. Die Lehre findet Eingang in persönliche Bereiche des Lebens und in Geschmacksfragen sowie Fragen der Freizeitgestaltung und Berufswahl.

11. Zweifel ist immer „persönlich" und Folge einer Schwäche. Die Lehre selbst ist unangreifbar (sakrosankt).

12. Die Isolation von der übrigen Welt wird als notwendig und erstrebenswert deklariert. Lediglich ein Kontakt zu missionarischen Zwecken ist gewünscht.

13. Die Gruppe hat Feindbilder. Sie fordert von ihren Anhängern, sich von diesen zu isolieren, auch wenn das zu Spaltungen innerhalb der Familie führen würde („in- out- Group Effekt").

Einige der aufgezählten Merkmale sind es wert, genauer betrachtet zu werden.

<WIE FUNKTIONIERT EIN GLAUBENSSYSTEM?>

3.4.1 Der universelle Wahrheitsanspruch

Der menschliche Geist ist auf Logik erpicht. Aus der Aufklärung im 17. Jahrhunderts entwickelte sich die Ansicht, es gäbe für alles eine Ursache, die vom Menschen erkannt und verstanden werden kann. Wir lieben Schlüssigkeit und schließen daraus auf Wahrheit. Damit wird allerdings gerne über das Ziel hinausgeschossen. Wirtschaftliche und politische Konzepte gelten als „alternativlos", Gewohnheiten werden zu Standards, die nicht mehr hinterfragt werden. So bestimmt beispielsweise seit langer Zeit die westliche Welt, wie „Fortschritt" definiert wird, wie Bildung auszusehen hat und welcher Lebensstil als erstrebenswert gilt. Gerade da werden die Probleme sichtbar, die mit einem solchen „Wahrheitsanspruch" verbunden sind. Pluralismus und Diversität sind Attribute, die allem Leben zu eigen sind. Vielfältigkeit zeichnet die belebte Welt aus. Eine Heilslehre mit Absolutheitsanspruch negiert das dadurch, dass sie aus Einheit *Einförmigkeit* werden lässt.

Dazu wird gerne zu Vereinfachungen gegriffen: „Der Schnee ist weiß, das ist eine Wahrheit, die jeder sieht". Allerdings ist sogar diese Wahrheit subjektiv: Eskimos beispielsweise kennen über ein Duzten Begriffe für Schnee und in ihrer Vorstellung gibt es ebenso viele Vorstellungen von der Farbe „weiß".

Der Kult verkennt, dass „Wahrheit" immer vom Denker dieser Wahrheit abhängt, also das Subjekt immer das Objekt beeinflusst. Er übersieht, dass echte Wahrheit immer *ohne Interpretation oder Auslegung* auskommt. Der Kult lebt einen Glauben, der seinen Wahrheitsgehalt aus dem Umstand bezieht, für wahr gehalten zu werden.

Die „Wahrheit" einer religiösen Lehre bedarf immer der *Interpretation*, denn: **Man kann die Dinge (z.B. die Lehren der Bibel) auch anders sehen.** Diese Tatsache impliziert, dass es noch weitere „Wahrheiten" geben kann. Sie haben keinen ontologischen Charakter, d.h. ihre Richtigkeit und Eindeutigkeit entspringt nicht aus

<WIE FUNKTIONIERT EIN GLAUBENSSYSTEM?>

ihnen selbst, sondern muss *hineingelegt* werden. Das unterscheidet im Übrigen auch seriöse Bibelforschung und-Auslegung (Exegese) von der Praxis von Kulten: Letztere benötigen aus den Schriften immer eine Stütze ihrer aktuellen Lehre. Es werden Thesen in die Texte „hineingelegt" (Eisegese) die dem Glaubens- und Lehrgebäude des Kultes entstammen.

Um dieses Ausschließlichkeitsdenken - wir werden später weiter darauf eingehen – zu begründen, werden Texte, Passagen und Geschichten aus der Bibel (oder eben der jeweiligen „heiligen" Quelle) herangezogen und auf die Gegenwart umgemünzt. Es werden Scheinkorrelationen gebildet, die die Überzeugung fördern, es könne nur *einen* Weg geben: eben den der Gemeinschaft. Der Kult wähnt sich in der neutralen Position. Im Kult kann diese eigene Position nicht reflektiert oder hinterfragt werden, weil ihre Quelle die einzig wahre, also unantastbar, ist. Damit gestattet der Kult anderen diese Freiheit des Hinterfragens auch nicht. Der Zweifel ist ein Tabu: wer zweifelt, ist nicht integer, nicht aufrichtig.

Die Überzeugung, die Welt verstanden zu haben, machen *Fragen* im Ansatz überflüssig. In Wirklichkeit hat der Kult und jedes einzelne Mitglied, welches diesen Kult mit bildet, durch seine zementierte Weltsicht seine geistige Autonomie und Kritikfähigkeit aufgegeben. Glauben bemisst sich dann an der „Treue" und dem Grad der Übereinstimmung zur Glaubenslehre der Gemeinschaft.

3.4.2 Kritikunverträglichkeit

Kritik ist ein Merkmal des Intellekts, des kreativen Geistes des Menschen. Kritik erlaubt es ihm, Erlebtes mit Erfahrenem zu vergleichen. Dank der Kritikfähigkeit des Geistes existiert Kultur: Jede Form von Kunst ist Ergebnis der aktiven Auseinandersetzung des Menschen mit seiner Umwelt. Kritik ist die Grundvoraussetzung für Wachstum und Veränderung.

<WIE FUNKTIONIERT EIN GLAUBENSSYSTEM?>

Der Kult lässt Kritik nach innen nicht zu. Das Mitglied ist zwar aufgefordert, seinen Glauben durch intensiven Einsatz („Studium") zu stärken, doch geschieht das nicht nach der Methodik echter Wahrheitsfindung. Die Wahrheit liegt dort, wo der Kult sie festgelegt hat. Weiter sollte nicht gefragt oder hinterfragt werden. An dieser Stelle wird der kritische Geist zum Schweigen gebracht. Das ist notwendig, damit das Denken „innerhalb" des Konzeptes bleibt.

Stelle dir eine gläserne Kugel vor, welche von innen verspiegelt ist. Von außen kann man hineinschauen und natürlich kann man die Kugel selbst als Gegenstand im Raum unterscheiden. Von innen hingegen bildet sie ein in sich geschlossenes Universum ohne Ecken und Kanten. Kritik ist in diesem Falle die Frage nach dem Außen, nach dem „Wenn".

Deshalb garantiert der Kult die einzige „Wahrheit", die absolut sichere Erkenntnis: Darin liegt schon von Hause aus Kritikunverträglichkeit. Nun kann der Kult den Wahrheitsgehalt seiner „Wahrheit" nur mitnichten beweisen. Also greift er zur *Dogmatisierung*. Damit ist die Gefahr des Scheiterns gebannt: Die vollständige Erfüllung aller Lehren liegt nämlich in der Zukunft. Das Dogma wird zur stabilen Größe hochstilisiert, obwohl es möglicherweise nur eine *Erklärung* bzw. ein Konzept ist. Natürlich funktioniert das in der Praxis auch nicht reibungslos: So ist z. B. das Weltgericht Gottes immer noch nicht eingetreten, es ist noch niemand von den Toten auferstanden und keiner hat physische Unsterblichkeit erreicht.

Die Letztbegründung hängt immer in der Luft, weil nun mal keine Stimme vom Himmel spricht. Ein Dogma trotzdem aufrecht zu erhalten, ist natürlich eine Herausforderung. Dabei helfen drei verschiedene Techniken.

<WIE FUNKTIONIERT EIN GLAUBENSSYSTEM?>

3.4.3 Die Logik im System

Die erste Möglichkeit besteht darin, die Begründung eines Dogmas zeitlich oder logisch immer weiter zurückzuführen. Ursache der Ursache sind schließlich Vorgänge, die sich unserem Verständnis verschließen. Das nennt sich „infinitiver Regress". Letztendlich ist damit unsere ganze gegenwärtige Welt das Ergebnis von Ereignissen und Sachzwängen, die in ferner Vergangenheit liegen.

Die zweite Möglichkeit wäre der „logische Zirkel". In diesem Falle werden Aussagen auf Umstände zurückgeführt, die selbst ebenfalls zu begründen wären. Der Beweis wird also durch den Beweis erbracht. Zum Beispiel könnte man das Böse auf der Welt mit der Bosheit des Teufels beweisen. Der Beweis für die Bosheit des Teufels ist dagegen der Zustand der Welt. Oder profan: Ich bin depressiv, weil der Tag schlecht ist. Allerdings ist der Tag auch schlecht, weil ich depressiv bin.

Die Begründung der Ursache steht nicht für sich alleine.

Als dritte Möglichkeit bietet sich der *Abbruch des Begründungsverfahrens* an. Dabei wird unterstellt, dass die Erkenntnisfähigkeit des Menschen so beschränkt ist, dass sie eine weitergehende Erklärung nicht zulässt. Gottes Weisheit alleine hat die Antwort, die dem Menschen bisher nicht zugänglich ist.

In allen Fällen bleibt das Glaubenskonzept intakt. Das Dogma liefert die Erklärung, die den Konsens bildet. Diese Erklärung kommt von einer Autorität, die selbst nicht zu hinterfragen ist.

Es darf nicht unerwähnt bleiben, dass eine Form der Kritik nicht nur erlaubt, sondern ausdrücklich erwünscht ist: Die Kritik nach *außen*. Die „böse Welt" und alle mit ihr verbundenen Prozesse und alles Geschehen, welches potentiell oder tatsächlich mit der Glaubensgemeinschaft zu tun hat, ist andauernder Gegenstand der Kritik. Dadurch wird die klare Abgrenzung der „Reinheit" der Ge-

<WIE FUNKTIONIERT EIN GLAUBENSSYSTEM?>

meinschaft zur „verdorbenen Welt" hervorgehoben. Dabei wird der scharfe Begriff der Kritik gerne abgewandelt und Instrumentalisiert: „Unterscheidungsvermögen", „Denkvermögen" oder „Wachheit" sind Begriffe, die ersatzweise verwendet werden und dabei auch zu einer veränderten Denkweise führen. Dazu aber an anderer Stelle mehr.

Auch ist man als Kultmitglied gewohnt, sich selbst „kritisch" zu sehen: Dabei geschieht aber lediglich ein Abgleich des eigenen Lebens mit der geforderten Lehrkonformität: die Frage, mit der ich mich selbst „scanne" lautet: „Bin ich mit der Lehre der Glaubensgemeinschaft und ihren Anforderungen auf einer Höhe?" Niemals lautet die Frage: „Deckt sich die Lehre mit meinen eigenen Erfahrungen? Geht es mir damit gut?" Damit wird ein gesunder Vorgang der Persönlichkeitsentwicklung umgekehrt, was natürlich zur Regression führen muss und kein echtes Wachstum erzeugen kann.

3.4.4 Die Abwehr von Kritik

Wahrnehmungsabwehr ist ein normaler psychologischer Vorgang. Jeder Mensch hat ein sogenanntes „Selbstkonzept", welches er unbewusst stabil halten möchte. Dazu ist es nötig, Informationen, die nicht zu diesem Bild passen, zu leugnen, zu vermeiden, zu entwerten, zu bezweifeln, zu vergessen oder anzupassen. Diese Vorgänge sind im Kult allerdings über-persönlich: Sie stehen im Dienste der Glaubensdoktrin und den kollektiven Denkinhalten.

Wenn nun Kritik „von außerhalb" der Gemeinschaft kommt, so wird das häufig *bestätigend* gewertet. Das scheint erst einmal befremdlich, weil ja niemand gerne Gegenstand von Kritik ist. Als „wahre Religion" oder „Nachfolger Jesu" ist es im Selbstverständnis des Kultes allerdings wichtig, „angefeindet" zu werden: Durch sein Anderssein wird „bewiesen", dass man ein „echter" Anhänger der Elite oder der Auserwählten ist. Märtyrer hatten eben immer die Welt gegen sich.

<Wie funktioniert ein Glaubenssystem?>

Ist eine Kritik aber zu laut, zu stichhaltig oder zu populär, wird also das Glaubenskonzept dadurch tatsächlich gefährdet, muss die Führung der Gruppe reagieren.

Das System ist dabei äußerst perfide. Da jeder Widerstand von außen im Prinzip als Betätigung der Richtigkeit der Lehre gewertet wird, ist es verständlich, dass Kritik von außen, bei den Mitgliedern, auf wenig fruchtbaren Boden fällt. Die Weltsicht, die die Lehre vertritt, findet automatisch Bestätigung: Die Welt wird immer schlimmer, der wahre Glauben wird angefeindet (im Übrigen auch ein Grund, warum man Vertreter von Kulten nicht im öffentlichen oder ökumenischen Dialog findet) und echte Lösungen kommen nur von dem Gott, dem sich die Gemeinschaft verpflichtet fühlt und der seinerseits nur exklusiv mit der Gemeinschaft, bzw. mit deren Führung interagiert.

Damit ist jeder „verblendet", dem dieser „Segen Gottes" nicht auffällt oder er ist zu verurteilen, weil er diese „offensichtliche" Tatsache nicht sehen will.

Wenn aber eine bestimmte Lehre nicht mehr zu halten ist, sei es durch die Veränderungen auf der Weltbühne oder weil zu viel Zeit vergangen ist um die Lehre noch stichhaltig begründen zu können, nimmt sich die Führung dieser Kritik an. Das geschieht zum einen dadurch, dass die Lehre umgedeutet oder neu gedeutet wird. Da die Führung in den Augen der Anhänger (und auch in ihren eigenen Augen) unter göttlicher Führung steht, ist diese Änderung kein Beweis für die Unrichtigkeit der bisherigen Lehre, sondern eine Bestätigung eben dieser Führung.

Auf jeden Fall gewinnt die Unterdrückung von Zweifeln eine positive Bedeutung: Die Stärke des Glaubens bemisst sich am Gehorsam gegenüber der Führung.

Um die Kritikanfälligkeit der Gruppe gering und das Glaubensgebäude intakt zu halten, gibt es mehrere wirksame Techniken, von denen ich einige im Folgenden darlegen möchte.

<WIE FUNKTIONIERT EIN GLAUBENSSYSTEM?>

Der Double Bind

Auch der sogenannte „Double Bind" hilft, Kritik zu unterminieren. Double Bind bedeutet nichts anderes, als dass zwei widersprüchliche Ansichten koexistieren können. Wir kennen das vielleicht aus der eigene Erfahrung: Als Kind haben wir vielleicht zu hören bekommen „du bist aber ein ganz braves Kind! Und jetzt gib Tante Hilde einen Kuss!"

Wir erleben Lob und Gewalt gleichzeitig. Damit kann unser Unterbewusstsein gar nicht umgehen. Es stellt unseren kritischen Geist auf Standby: Wir erleben innerlich eine nicht miteinander vereinbare Tatsache und kapitulieren. Es wird nicht hinterfragt. Unser Verstand nimmt sich des Problems nicht an, weil er nicht entscheiden kann. Wir instruieren uns innerlich sozusagen mit dem Befehl: „Das hat schon alles seine Richtigkeit. Ausführen!"

Im Kult trifft man häufig auf Double Bind: Die „Welt" soll gemieden werden, der Kontakt auf ein notwendiges Minimum reduziert werden, weil der Teufel diese regiert. Nach außen gibt sich die Gemeinschaft aber modern und weltoffen. Oder sie erweckt den Anschein der völligen Freiwilligkeit, übt aber offenen oder verdeckten Druck auf ihre Mitglieder aus. Das funktioniert gut über den Begriff des eigenen *Gewissens*. Dieses Gewissen soll entscheiden. Damit wird eine Freiheit vorgegaukelt, die nicht existiert: Das Gewissen ist nämlich nicht Privatsache, sondern ein exakter Spiegel der Gesamtheit der Lehren des Kultes. So ist das Gewissen blind für den Double Bind.

Der Angriff

Ein weiteres übliches Mittel, um gegen Kritik vorzugehen, ist der Angriff der kritisierenden Person oder Institution und ihrer Motive. Dabei wird sozusagen die Quelle der Kritik denunziert. Die Kritik wird verzerrt, unvollständig oder entstellt wiedergegeben und damit entkräftet. Dabei konzentriert man sich meist nicht

<WIE FUNKTIONIERT EIN GLAUBENSSYSTEM?>

auf den tatsächlichen Kritikpunkt, sondern nur auf einen Teilaspekt, der möglicherweise gar nicht zur Debatte steht. Außerdem wird der Kritiker als „selbstsüchtig" oder „egoistisch" hingestellt, also seine Motive werden Infrage gestellt. Dieses „Brunnenvergiften" ist sehr wirkungsvoll, weil die Aufmerksamkeit vom Gegenstand der Kritik abgelenkt wird. Wenn der Kritiker nicht vertrauenswürdig ist, ist es seine Kritik auch nicht, so die Logik dahinter. Dieses Mittel findet sich oft in der kultinternen Darstellung „Abtrünniger": Diese werden gar nicht als Einzelpersonen mit individuellen Themen und Konflikten gesehen, sondern ihnen wir ein pauschalisiertes Verhalten und Denken untererstellt. Diese Undifferenziertheit zeigt sich besonders auch im Unwillen zum Dialog: Der „Abtrünnige" trägt ja alleine die Schuld an seiner Situation.

Die falsche Analogie

„Der vergleicht ja Äpfel mit Birnen!" - genau das meint die falsche Analogie. Dabei geht es um den Vergleich zweier Dinge, die sich in gewisser Weise ähneln, die tatsächliche Bedeutung des zu vergleichenden Inhalts aber unberücksichtigt lassen. So ist der Vergleich des *Lebens* mit einer *Flamme* zum Beweis des vollständigen Todes eine falsche Analogie: Tatsächlich ist die Flamme nicht mehr zu sehen, wenn sie erlischt, aber existiert sie nicht mehr? In Wirklichkeit kann dieser Vergleich auch sehr gut dazu herhalten, ein Leben nach dem Tod zu „beweisen", denn gemäß dem Grundsatz der Energieerhaltung hat die Flamme lediglich ihre *Form* verändert und ist nun als Wärme und Infrarotstrahlung weiterhin im Raum vorhanden. Sie ist lediglich nicht mehr mit dem „Körper", also der Kerze, verbunden.

Das falsche Dilemma

Beim „falschen Dilemma" wird – kurz gesagt – das Problem auf zwei Möglichkeiten reduziert, obwohl in Wirklichkeit viel mehr denkbare Optionen bestehen. Als Beispiel diene die Frage nach der Herkunft des Menschen: In fundamentalistischen Glaubenssyste-

<WIE FUNKTIONIERT EIN GLAUBENSSYSTEM?>

men wird hier gerne eine Evolution, welche völlig ohne Gott auskommt („die" Evolution) der Schöpfungsgeschichte, wie sie in der Bibel steht, gegenübergestellt. Eine weitere Möglichkeit wird nicht in Betracht gezogen. Das falsche Dilemma erzeugt den Eindruck einer überschaubaren Problematik, die vom „gesunden Menschenverstand" leicht durchschaut werden kann – ein Eindruck, der im Nebeneffekt verhindert, sich wirklich intensiv mit dem Thema auseinanderzusetzen.

Die Kettenreaktion

Bei der Kettenreaktion wird eine Situation verallgemeinert dargestellt. Bestimmte Folgen werden auf ein bestimmtes Verhalten vorausgesagt, als seien sie unumgänglich. Wer sich beispielsweise mit kritischer Literatur zum Kult auseinandersetzt, schwächt seinen Glauben. Oder wer nach höherer Bildung strebt, vernachlässigt sein Glaubensleben und gefährdet sich selbst, indem er sich glaubensschädigenden Informationen und „schlechter Gesellschaft" aussetzt. Dabei werden die wirklichen Sachverhalte unberücksichtigt gelassen wie beispielsweise die individuelle Entwicklung des Einzelnen, seine Absichten und Wünsche oder allgemein üblich gewordenes, wenn es beispielsweise um Modefragen geht.. Die Bedingungen für Glück und Zufriedenheit sind ja bereits durch die Lehre festgelegt. Auf keinen Fall aber können sie *ohne* die Gemeinschaft oder die Organisation erreicht werden. Diese Überzeugung wird immer wieder genährt und hält sich solange, bis der Zweifler erleben muss, dass das für ihn nicht mehr zutreffen kann. Ohne dieses Leid findet er nicht hinaus.

Weitere Techniken

Dem Zweifel wird auf mehreren Ebenen entgegengekommen. *Wunschdenken* ist eine wirkungsvolle Methode, den Zweifel zu unterdrücken, ebenso wie der Kampfbegriff der „Loyalität": Damit verbunden ist ein Appell an die eigene Ehre und Integrität. Immerhin hat man sich dem Höchsten verpflichtet, man hat verspro-

<WIE FUNKTIONIERT EIN GLAUBENSSYSTEM?>

chen, die eigenen Interessen hintenan zu stellen, hat gelobt „in guten wie in schlechten" Zeiten treu zu sein. Und genauso wie in einer bereits toten Ehe wird der Patient hier künstlich am Leben erhalten. Die „Organe", also die Basisfunktionen, die nach außen hin messbar sind, bleiben aktiv. Das innere Leben, das wirkliche Selbst hingegen zeigt keinen „Ausschlag" mehr. Der „Patient" ist eine funktionierende Hülle geworden, der treu seine „Pflicht" erfüllt.

Es ist fast überflüssig zu betonen, dass dabei kein Glück entstehen kann. Im Gegenteil: Ein solches Leben ist ein Verrat an sich selbst. Mit dem Begriff der „Liebe", die echter Treue vorausgeht und die Grundlage allen Wachstums ist, wollen wir uns später auseinandersetzen.

Da die Führung der Gruppe in deren Überzeugung göttliche Legitimierung besitzt, ist jede Kritik von vornherein zum Scheitern verurteilt. Das kann beim Mitglied zu großen inneren Spannungen führen, die letztendlich so stark werden, dass das individuelle Glaubensgebäude einen Riss bekommt. Dadurch kann der Zweifler zum ersten Mal einen Blick „nach draußen" erhaschen.

3.4.5   Der In – out – Group Effekt

Jede Gemeinschaft, die sich mit einem besonderen Auftrag identifiziert, erzeugt den so genannten In-out – Group Effekt. Dabei geht es darum, die Welt beabsichtigt oder unbeabsichtigt in „draußen" und „drinnen" zu beurteilen. Das erscheint dem Mitglied normal; wie bereits erwähnt ist ein Feindbild für eine solche Gruppe Identitätsstiftend, also lebensnotwendig. Der „Kampf" ist sinngebend. Das Böse in mir, die Angriffe des Teufels und seiner Handlanger, welche meist auf den ersten Blick nicht zu erkennen sind oder gegen „Versuchungen", die in mir aufsteigen mögen. Dazu später mehr, doch in diesem Zusammenhang geht es darum, dass immer eine klare Trennlinie zwischen der „Welt" und dem „wahren Glauben" gezogen werden muss. Für das Kultmitglied ist das

<WIE FUNKTIONIERT EIN GLAUBENSSYSTEM?>

selbstverständlich, ist doch die „Welt" in der Hand Satans und eine strenge Abgrenzung lebensnotwendig.

Dieses Verständnis findet sich in Formeln wie

- Nur WIR sind die wahren Christen

- Nur WIR folgen Jesus so nach, wie er es geboten hat

- Nur WIR haben die Wahrheit aus Gottes Wort erkannt und handeln danach

- Deshalb gibt Gott nur UNS seinen Segen

- Alle ANDEREN sind unaufrichtig, verblendet und nur nominelle Christen und von Gott verworfen

- Alle ANDEREN dienen letztendlich Satan, auch wenn sie als „Engel des Lichts" erscheinen

Damit isoliert sich die Gruppe und der Einzelne von weiten Teilen der Wirklichkeit: Wie die Welt ist, bekommt er in der Gemeinde gesagt und kann es in den internen Schriften lesen. Von ihm wird erwartet, dass er sich von engeren Freundschaften und anderen Kontakten außerhalb der Gemeinschaft fernhält. Vereinsaktivitäten oder andere Freizeitgestaltungen, die einen engeren Kontakt zur Außenwelt erfordern würden, sind in der Regel unerwünscht.

Dabei geschieht folgendes: Das Mitglied bemerkt nicht, wie es sich selbst manipuliert. Es verinnerlicht die Ansichten der Glaubensgemeinschaft, die über die „Welt" propagiert werden ohne zu merken, dass die „Welt" möglicherweise gar nicht so ist, wie es dargestellt wird. „Weltmenschen" werden durch die Brille der Lehre wahrgenommen und dabei auf ein kult- internes „Klischee" beschränkt. Sie werden reduziert: Ihre Motive werden vorweggenommen, ihr Urteil, nämlich die Verurteilung durch Gott, lastet latent auf ihnen. Der einzig legitime Zweck des Kontaktes zu ihnen ist die Missionierung. Wer darauf nicht reagiert ist egoistisch, verblendet, ignorant, ohne Liebe oder einfach eben „böse".

<WIE FUNKTIONIERT EIN GLAUBENSSYSTEM?>

Die beständige Selbstmanipulation hat zur Folge, dass das Kultmitglied nicht feststellen kann, dass dem möglicherweise gar nicht so ist. Eine solche Feststellung würde auch das ganze Glaubenssystem Infrage stellen, denn: wenn die Welt gar nicht böse ist, wie wäre es zu rechtfertigen, dass Gott sie vernichten will? Und: wäre man dann selbst noch etwas Besonderes?

George Orwell lässt in seinem Roman „1984" seinen Protagonisten auf diesen Mechanismus hinweisen, wenn er ihn sagen lässt: „Es ist für ihre Struktur unbedingt erforderlich, dass kein Kontakt mit Ausländern (oder „Weltmenschen", übertragen auf den Kult) stattfindet... wäre es ihm erlaubt, so würde er entdecken, dass sie ganz ähnliche Menschen sind... die künstlichen Schranken der Welt in der er lebt, würden fallen und die Furcht, von der seine Moral abhängt, könnten sich verflüchtigen."

3.4.6   Die Plausibilität

Jede Glaubensgemeinschaft besitzt ein Stützgerüst, einen Rahmenbau zentraler Lehren, die recht einfach gehalten sind. Hier ist eine psychologische Falle versteckt: Die Einfachheit dieser Lehren wird als Indiz für Wahrheit verstanden. Wie bereits angedeutet ist unser Verstand unablässig bemüht, Erklärungen zu finden. Das ist sein Auftrag. Ich möchte über die Überbetonung des Verstandes in der westlichen Welt kein Urteil abgeben, doch ist es so, dass wir oftmals verlernt haben, auf unsere Intuition zu vertrauen. Im Kult ist das noch viel ausgeprägter; die innere Stimme, das „Herz" ist „verräterisch" und muss scharf bewacht und kontrolliert werden. Das erledigt der Verstand. Und der erhält Bestätigung von außen: Alle sind sich einig. Wie können so viele irren? Die Wahrheit ist: Sie können. Sie konnten es zu jeder Zeit, sei es im fanatischen Glaubenskampf der Inquisition oder im politischen Wahn des 3. Reiches. Und doch bewirkt die Plausibilität zusammen mit dem Erleben der Einheit eine große Immunität gegen Kritik und Zweifel. Auch wenn sich die Lehre in Feinheiten ändert, der zentrale

<WIE FUNKTIONIERT EIN GLAUBENSSYSTEM?>

Kern bleibt gleich. Wie aber werden die Änderungen begründet, wenn doch eine göttliche Führung für den Wahrheitsgehalt der Lehre garantiert?

Hier trifft man auf drei Techniken:

Die Erste besteht darin, den *Interpretationsspielraum* zu nutzen und den sich verändernden Bedingungen (z.b. Lage der Weltpolitik) anzupassen. Das nennt man „kognitives Verhandeln". Viele Deutungen der Gleichnisse Jesu fallen in diese Kategorie.

Eine weitere Möglichkeit besteht darin, *eine Lehre komplett umzudeuten* und anzupassen, wobei der sinngebende Kern, also der Zweck der Deutung beibehalten wird. Das wäre die „kognitive Kapitulation".

Die radikalste Technik der Plausibilitätserhaltung ist die „kognitive Verschanzung". Dabei wird alle erkennbare und beweisbare *Wirklichkeit ignoriert* und die Lehre als Glaubensdogma verteidigt. Dazu lässt sich die Ansicht zählen, dass die Menschheit vor buchstäblichen 6000 Jahren ihren Anfang nahm.

Wir erkennen hier einen wechselseitigen Mechanismus. Die Plausibilität ist nur zu halten, wenn die Anhänger eine enge Bindung an die Gemeinschaft leben. Umgekehrt ergibt sich die Notwendigkeit einer engen Bindung an die Gemeinschaft durch die scheinbare Plausibilität der Lehren.

3.4.7 Eine besondere Sprache

Jeder Kult verfügt über ein besonderes Sprach- Repertoire, in welchem Wortneuschöpfungen (Neologismen) und Begriffsumdeutungen existieren. Für diese besondere Sprache gibt es einen Fachbegriff: *Loaded Language*, also „geladene (oder aufgeladene) Sprache". Der Sinn dieses besonderen Wortschatzes liegt vor allem darin, das Wir- Gefühl der Gruppe zu stärken, die Trennung von der restlichen Welt zu forcieren und die Gemeinschaft als etwas

<WIE FUNKTIONIERT EIN GLAUBENSSYSTEM?>

Außergewöhnliches wahrzunehmen. Damit verbunden ist allerdings ein kognitiver Mechanismus, der das alltägliche Denken des Mitgliedes nachhaltig und tiefenwirksam beeinflusst. Dieser funktioniert folgendermaßen: Ein Begriff, der für sich betrachtet mehrere Bedeutungen umfassen und weitläufig verwendet werden kann, wird im internen Sprachgebrauch nur eingeschränkt und in einem sehr speziellen Kontext, der immer gleich und emotional aufgeladen ist, benutzt. Mit der Zeit büßt das Gehirn, welches übrigens immer bemüht ist, so energiesparend wie möglich zu arbeiten, die Fähigkeit ein, den entsprechenden Begriff differenziert und kontextabhängig wahrzunehmen und zu entschlüsseln. Es zieht damit die Schlüsse, die es mit dem Begriff, wie er umgedeutet wurde, verbindet und nicht die, die eigentlich in der Aussage enthalten sind. Darüber hinaus führt das zu einer Vereinfachung und Verflachung der Sprachinhalte.

Mehr noch: Einzelne Begriffe lösen eine Kaskade an Assoziationen aus und folgen einem festgetretenen Denkpfad. Damit wird das Denken eingeschränkt und die Wirklichkeit im Kopf begrenzt.

<WIE FUNKTIONIERT EIN GLAUBENSSYSTEM?>

Hier einige Beispiele:

- Freundschaft
- Wahrheit
- Vertrauen
- Demut
- Freude
- Lust
- Treue
- geistig
- Reinheit
- Menschheit
- Rat
- Freiheit
- Gewissen
- Welt

Wenn du magst, nimm dir einen Stift und ein Papier und schreibe auf, was du mit diesen Worten verbindest oder verbunden hast. Oder aber nimm Begriffe, die deiner Erfahrung nach in diese Kategorie gehören. Dann schaue, wie sich diese Begriffe verändert haben oder noch verändern, seit du die Glaubensgemeinschaft verlassen hast. Verfolge das eine Woche lang, immer jeweils nur mit einem oder zwei der Begriffe. Kaue regelrecht darauf herum, bis ihre erlernte Bedeutung immer schwächer wird. Dann beginne damit, sie für dich mit neuem Inhalt zu füllen. Befasse dich mit philosophischen Abhandlungen der Begriffe und damit, wie sich die damit verbundene Idee immer wieder gewandelt hat. Fühle in Worte und stelle dir vor, was sie idealerweise bedeuten sollten, wie

<WIE FUNKTIONIERT EIN GLAUBENSSYSTEM?>

sie am besten in und für die Gesellschaft funktionieren könnten. Damit befreist du dein Denken aktiv von den Spuren und Resten des Korsetts, das die Glaubenslehre in deinem Kopf installiert hatte.

3.5 Was ist Bewusstseinskontrolle?

Der Begriff „Bewusstseinskontrolle" ist umstritten. Er tauchte zum ersten Mal nach dem zweiten Weltkrieg auf und sein Ableger „Gehirnwäsche" war in der Zeit des kalten Krieges populär. Natürlich unterliegt jeder Mensch Einflüssen seiner Umwelt und es stellt sich die Frage, ab wann man von gezielter Manipulation sprechen kann, bei der das Verhalten und die Einstellung eines Menschen nachhaltig verändert werden.

Unter Bewusstseinskontrolle versteht man ein „System von Einflüssen, mit dem die Identität des Individuums (seine Überzeugungen, sein Verhalten, sein Denken und Fühlen) ... durch eine neue Identität ersetzt wird" (Steven Hassan, „Ausbruch aus dem Bann der Sekten"). *Dabei ist der Betreffende davon überzeugt, selbst die Ursache dieser Veränderungen zu sein.*

Es gibt vier Hauptkriterien, an denen sich tatsächliche Bewusstseinskontrolle festmachen lässt. Dabei legitimiert sich die Autorität immer auf ein höheres Recht, in unserem Falle auf die Führung Gottes. Diese sind:

1. Verhaltenskontrolle: Dabei werden Ziele und Verhaltensformen formuliert die verbindlichen Charakter haben und welche die Freizeit beschränken bzw. bestimmen. Außerdem gibt es die „Millieukontrolle", bei der der Umgang des Einzelnen mit der Umwelt beschränkt oder vorgegeben wird. Die Normen der Gruppe bestimmen, welche Aktivitäten in welchem Maße erstrebenswert oder zu vermeiden sind.

<WIE FUNKTIONIERT EIN GLAUBENSSYSTEM?>

2. Gefühlskontrolle: Durch das Feindbild, welches die Gruppe erschaffen hat sowie dem „in- out- Group" Effekt entsteht eine moralische Vorgabe, die in ständiger Wechselwirkung mit dem inneren Erleben steht. Das bedeutet, dass ich durch die Gemeinschaft eine vorgefertigte Definition von Glück, Loyalität und Schuld bekomme. Alles, was ich tue oder erlebe, bemesse ich daran und kontrolliere damit meine Gefühle selbst. Ich lasse sie nicht zu, wie sie sind, sondern modifiziere sie innerlich ständig nach dem Bild, welches die Gemeinschaft in mir gepflanzt hat.

3. Gedankenkontrolle: Dieser Begriff hat nichts mit Science-Fiction zu tun und er meint auch nicht die Willenlosigkeit eines Zombies. Wie oben bereits angedeutet, geht es hierbei darum, dass das Mitglied die Lehre derart verinnerlichen muss, dass es sich die Welt ausschließlich mit den Modellen der Glaubensgemeinschaft erklären muss und auch nur noch erklären kann. Das klingt zunächst etwas abgehoben. Dennoch ist es im Kult so, dass es keineswegs freigestellt ist, wie man über die meisten Dinge zu denken hat. Das betrifft Bereiche der Ethik, der Politik, des persönlichen Geschmacks, der Haltung zum Sport, zur Arbeit, zur Unterhaltung, zu dem, was als erstrebenswert und was als verachtenswert zu gelten hat. Die Gedankenkontrolle geht weit in Bereiche des Persönlichen hinein und lässt nichts unberührt. Schließlich nimmt das Mitglied jede Anweisung dankbar als (göttliche) „Führung" an und passt in der Folge seine Bemessungsmaßstäbe der Welt diesen vorgegebenen Erklärungen an.

4. Informationskontrolle: Informationen, die nicht aus der eigenen Quelle stammen, werden vom Kult als fragwürdig, unglaubwürdig oder sogar „satanisch" stigmatisiert, insbesondere wenn es um kritische Themen geht die den Kult und seine Glaubenspraxis betreffen. Ihren Urhebern

<Wie funktioniert ein Glaubenssystem?>

werden unlautere Motive unterstellt. Diese Praxis wird als „Schutz" hingestellt, die Organisation, also die Führung der Gemeinschaft, filtert das Verwertbare von dem, was für den „Glauben" gefährlich wäre, aus. Dieser Aspekt ist besonders aus totalitären Strukturen bekannt: Bücherverbrennungen und Medienverbote sind die sichtbarsten Phänomene der Informationskontrolle.

Es ist dabei wichtig zu erkennen, dass meist nicht der Kult selbst die Bewusstseinskontrolle direkt ausübt, sondern *ich selbst*. Dadurch, dass ich die Normen und Inhalte der Glaubenslehre völlig verinnerlicht habe, dominieren und bestimmen sie mein Innenleben, mein Fühlen und Denken - also mein Bewusstsein. Das Mitglied ist im Kult sehr eingespannt, es fehlt die Ruhe, über alles nachzudenken und kritisch zu reflektieren.

Jeder der vier genannten Merkmale ist für sich schon ein starkes Mittel der Manipulation, zusammengenommen aber ergibt sich eine tiefgreifende Beeinflussung des Bewusstseins, d. h. des Denkens und Fühlens eines Menschen. Es entsteht ein innerer Zensor, der alle Denkvorgänge sondiert, gegebenenfalls anpasst oder ausblendet.

Entgegen der landläufigen Meinung ist es dabei nicht notwendigerweise so, dass die Führung oder die Führer der Gemeinschaft bewusst die Manipulation ihrer Mitglieder beabsichtigen und perfide planen. Die große Mehrheit ist tatsächlich davon überzeugt, das einzige funktionierende Heilkonzept für die Menschheit ihr Eigen zu nennen und dafür von höherer Stelle auserwählt zu sein. Ihre Intention ist damit von vornherein keine verwerfliche. Vielmehr kommen die Stabilität und die Dynamik eines Kultes aus seiner Existenz und der erzeugten Abhängigkeit seiner Mitglieder selbst. Der Kult existiert nicht für sich alleine. Er ist nicht immer das Produkt einer kleinen Gruppe manipulativer Personen mit fragwürdigen Absichten, sondern eine Manifestation bestimmter

<WIE FUNKTIONIERT EIN GLAUBENSSYSTEM?>

unbefriedigter Sehnsüchte, die Ausprägung einer bestimmten Religiosität, auch wenn die entstandenen Strukturen durchaus totalitären Charakter haben können. Diesen Umstand im Sinn zu behalten kann eine Hilfe sein, den Zorn, den man möglicherweise auf die Gemeinschaft verspürt, abzuschwächen.

<WER BIN ICH?>

4   Wer bin ich?

Sei eine erstklassige Ausgabe deiner selbst, keine zweitklassige von jemand anderem.

Judy Garland

Wer eine Glaubensgemeinschaft verlässt, verliert UND gewinnt viel. In jedem Falle verliert er das Bild von sich und der Welt und der Zukunft, welches er Jahre oder Jahrzehntelang hatte. An seine Stelle tritt aber nicht automatisch ein anderes. Zudem ist die Vorstellung vom eigenen Ich, also von der eigenen Persönlichkeit verzerrt. Zu den prägenden, einmaligen Einflüssen der Umwelt kommen beim Mitglied einer religiösen Gemeinschaft noch weitere Programme dazu, die als „Schichten" über dem Selbst liegen[2]. Diese Schichten sind auch als Programme zu verstehen, die in der Lage sind, mein Fühlen, mein Denken, ja all meine Reaktionen auf das Geschehen in der Außenwelt zu filtern, zu formen, abzulenken oder zu verzerren. Das kann so weit gehen, dass meine *Vorstellung* von meinem ICH meinem *tatsächlichen* ICH diametral entgegensteht. So stellt sich manchmal heraus, dass sich jemand, als er sich noch in der Glaubensgemeinschaft befand, für unsportlich hielt oder davon überzeugt war, keinen Kinderwunsch zu haben, nach einiger Zeit feststellte, dass das Gegenteil der Fall ist. Die „Kultpersönlichkeit" hatte die authentische Persönlichkeit völlig unsichtbar werden lassen.

Nun ist es an der Zeit, der authentischen Persönlichkeit, deinem wahren Wesen auf die Spur zu kommen. Im Kult war klar, wer du sein *solltest*. Du hast dem viel Zeit und Energie gewidmet, dabei ist dein wirklicher Kern verkümmert. Um die aufgebauten Programme, also die aktiven und passiven Glaubenssätze aufzuspüren und

---

[2] Ich unterscheide in diesem Zusammenhang der Einfachheit halber nicht zwischen den Begriffen „Ich" und „Selbst".

<WER BIN ICH?>

zu entmachten, ist eine große Ehrlichkeit nötig. Diese Ehrlichkeit geht über alles hinaus, was du bisher darunter verstanden hast: Sie muss dich befähigen, die eigenen Ausreden, Ausflüchte, Angstpunkte und Idealvorstellungen zu erkennen. Nichts darf diesem schonungslosen Zensor entgehen. Wie soll das von statten gehen? Die innerpsychischen, „seelischen" Umbauprozesse benötigen Zeit und durchlaufen verschiedene Phasen. Mit diesem Prozess möchten wir uns im Folgenden befassen. Sind diese erfolgreich durchlaufen, kann sich der Gewinn aus der Ablösung frei und von selbst entfalten.

4.1   Kognitive Dissonanz

Du hast im Kult immer wieder gehört und gelesen, was angeblich glücklich machen soll. Vielleicht hast du mit der Zeit festgestellt, dass dem aber nicht so ist, egal wie sehr du dich auch angestrengt hast. Deine eigene, innere Wirklichkeit hat sich nicht (mehr) mit dem gedeckt, was im Kult gelehrt wurde. Du hast gespürt, dass es irgendwie anders ist als es sein sollte. Wenn dem so war, hast du etwas erlebt, was sich „kognitive Dissonanz" nennt. Damit ist nichts anderes gemeint, als dass sich verschiedene Gedanken- und Wahrnehmungsprozesse (Kognitionen) nicht mehr miteinander vereinbaren ließen. Die daraus resultierende „Dissonanz", also die Spannung, war unangenehm. Wie bereits unter der Überschrift „Informationskontrolle" behandelt, vermeidet der Kult den Zugang zu Informationen, die zu einer solchen Spannung führen können. Das wären zum Beispiel alle Informationen, die sich kritisch mit der Lehre oder deren Anhängern auseinandersetzen, aber auch gewisse wissenschaftliche Themen wie die Evolution.

Wie schon erwähnt ist unser Gehirn bemüht, möglichst energiesparend zu arbeiten. Deshalb greift es ständig auf vorhandene Muster und Erklärungen zurück, statt wirklich kreativ auf die Umwelt zu reagieren. Übereinstimmende Wahrnehmungen (konsonante Kognitionen) werden daher auch als angenehmer emp-

<WER BIN ICH?>

funden. Das führt dazu, dass wir – natürlich unbewusst – eher diejenigen Informationen suchen, die in diese Kategorie fallen. Angehörige von Kulten wollen deshalb auch gar keine Informationen zu ihrer Gemeinschaft von außen, auch wenn diese noch so gut fundiert sind. Die Folge davon ist eine *selektive Wahrnehmung* von Informationen, beispielsweise von Medieninhalten. Menschen neigen zudem dazu, einmal getroffene Entscheidungen zunächst beizubehalten oder zu rechtfertigen. Deshalb werden neue Informationen, die zur Glaubenslehre im Widerspruch stehen, tendenziell *abgewertet*, während alle konsonanten Informationen *aufgewertet* werden. Erst wenn die durch kognitive Dissonanz erzeugte Spannung zu groß wird, ändert der Betroffene seine Haltung und öffnet sich neuen Fakten oder Denkmodellen.

Dennoch: Der Mensch verteidigt seine Einstellungen erst einmal grundsätzlich, ohne Rücksicht auf ihre tatsächliche Plausibilität, denn es geht um sein „Recht", seine gefühlte Integrität. Die menschliche Psyche arbeitet also erst einmal sehr ausdauernd *selbsterhaltend*. Sie zementiert Bewährtes. Das bedeutet, dass innovatives Denken unterdrückt wird, wenn es die Integrität der Psyche zu gefährden scheint. Im Klartext: Was sie nicht wissen will, schaut sie sich nicht an. Es ist im Prinzip so wie bei dem kleinen Kind, welches sich die Hände vor die Augen hält und glaubt, es würde selbst nun von anderen nicht mehr gesehen werden. Das ist ein allgemeines Phänomen. Nur in der Glaubensgemeinschaft ist diese Qualität existenziell: Sie muss unbedingt funktionieren. Um das sicherzustellen, verfügt das Kultmitglied über Mechanismen, welche die Dissonanz, also die Abweichung mit der inneren, geglaubten Logik, reduzieren können. Die wichtigste davon ist der Gedankenstopp.

Der Gedankenstopp ist eine Schutzfunktion, die die Integrität der Lehre gewährleistet. Er verhindert, dass man sich zu intensiv mit der Plausibilität, der korrekten Bibelauslegung einer Lehre oder einer von außen an die Gemeinschaft herangetragenen Kritik

<WER BIN ICH?>

befasst, denn dies „spielt ja keine Rolle, solange man treu bleibt". Der Gedankenstopp hilft dabei, die als unanfechtbare Wahrheit geltende Ideologie eines Glaubenssystems nicht zu hinterfragen. Wer sich mit den Erklärungen und Antworten der offiziellen Lehre nicht zufrieden gibt wird angehalten, seine diesbezüglichen Gedankenströme zu stoppen und sie in „positive" oder „gottgefällige" Richtungen zu lenken.

Wahrnehmungen, die zu kognitiver Dissonanz geführt haben, sind kaum zu neutralisieren oder „rückgängig" zu machen. Wenn eine „Wahrheit" erst einmal als Unwahrheit aufgeflogen ist, ist das irreversibel. Damit ist die kognitive Dissonanz eine Hilfe zur Wahrheitsfindung. Der Geist möchte das Gedankengefängnis aufbrechen und in eine Neue Wahrheit finden. Er will herausfinden, wie es sich wirklich verhält und vor allem, wer er selbst wirklich ist: Er ist auf der Suche nach seiner Identität.

4.2   Identitätsarbeit

Jeder Mensch wird von dem inneren Wunsch angetrieben, ein eigenständiges und unverwechselbares Wesen zu sein. Wirkliche Entwicklung ist allerdings nur möglich, wenn eine aktive Auseinandersetzung mit den Bedingungen stattfindet, die wir sowohl im Außen als auch im Inneren vorfinden. Beides steht oft im Widerstreit zueinander: die äußeren Anforderungen sind meistens nicht deckungsgleich mit den inneren Vorstellungen, wie das eigene Leben zu sein hat. Deshalb strebt unser Geist nach einem Mittelmaß, der sogenannten Homöostase, dem Fließgleichgewicht. Dieses Fließgleichgewicht beschreibt die ausgeglichene Mitte zwischen den Anforderungen von außen (der sozialen Identität, orientiert am Verhalten und den Erwartungen Anderer bzw. der Gesellschaft) und der inneren Tendenz (der persönlichen Identität, die sich an den eigenen Bedürfnissen orientiert). Dazwischen liegt die Ich- Identität, eine Balance, die mich wachsen *und* mich den Anforderungen der Umwelt gerecht werden lässt.

<WER BIN ICH?>

Im Kult ist dieses Gleichgewicht niemals herzustellen. Die Anforderungen der Glaubensdoktrin haben absoluten Vorrang und unterminieren meine persönliche Identität. Ich nehme mich selbst als defizitär wahr, denn ich bin erst durch die (möglicherweise noch ausstehende) Gnade Gottes lebens- und ganz liebenswert. Darüber hinaus werde ich im Kult zum Werkzeug einer Idee – nämlich der Lehre des Kultes. Echte Individualität aber entsteht aus der Akzeptanz dessen, wer ich wirklich bin. Erst, wenn ich mich so erkenne, wie ich gemeint bin, mit all meinen Schwächen, Neigungen, Lüsten und Gelüsten, mit meinen Stärken, Talenten und Anlagen, mit meinen Verletzungen und meiner Verletzlichkeit, kann ich mich selbst wirklich bejahen und muss mich nicht hinter einer Fassade verstecken. Wie bin ich also wirklich? Das gilt es nun, herauszufinden. Dabei muss unterschieden werden, ob du in die Glaubensgemeinschaft hineingeboren wurdest, oder erst später dazu konvertiert bist.

4.3 Die Hineingeborenen

Wer in einen Kult hineingeboren wird, wächst in ein Wertesystem, das er für das einzig Richtige hält. Es ist die Erklärung der Welt. Es ist ein (scheinbar) alles umfassendes Bild, ein riesiges Kunstwerk – welches aber leider die Sicht auf die Wirklichkeit *versperrt*. Durch die Erziehung in den Regeln und Normen der Glaubenslehre kann sich der Mensch bei weitem nicht so frei entwickeln, wie er das ohne diese könnte; genaugenommen ist er gar nicht frei. Insbesondere die von den meisten Glaubensgemeinschaften geforderte Abgrenzung zu Andersgläubigen führt dazu, dass das Kind oder der Heranwachsende weniger bis gar nicht notwendige Entwicklungsprozesse durchlaufen kann. Das ist entwicklungspsychologisch nicht unproblematisch: Wenn ein Kind aufwächst, findet es Bestätigung oder Ablehnung seines Verhaltens durch den Spiegel seiner Altersgenossen, der sogenannten „Peer-Group". Seine „Spielkameraden", meist eine stabile Größe über

<Wer bin ich?>

viele Jahre, geben Halt, Orientierung und Perspektive und an ihnen wird das eigene Verhalten erprobt und gespiegelt. Geschieht das nur eingeschränkt oder nur unter Kindern, die der gleichen Glaubensgemeinschaft (oder sonst wie gearteten Ideologie) angehören, können sich ernsthafte Schwierigkeiten einstellen. Durch dieses mangelhafte Lern- Feld fehlt ein gewaltiges Stück Selbsterfahrung. Wenn Klassenfahrten, Ferienfreizeiten, Vereins- - zugehörigkeiten, Doktorspiele, Schulfeiern, Theateraktivitäten, Tanzkurse und die Teilnahme an diversen Veranstaltungen und Festen nicht erlaubt sind, bin ich ein Ausgeschlossener. Ich beginne mir und der Welt zu misstrauen. Angst vor Spott überlagert meine Initiative und Spontanität. Ich bin unsicher im Verhalten gegenüber dem anderen Geschlecht, denn ich kenne das eigene nicht einmal richtig. Dazu kommt die Angst, „Gott traurig zu machen", weil ich etwas „falsch" mache. So kann aus der Unbeschwertheit, die eine gesunde Kindheit ausmachen sollte, eine schwere, dunkle Epoche werden (was übrigens rückblickend noch nicht einmal unbedingt so empfunden werden muss). Das ist der Nährboden für einen abhängigen Erwachsenen. Er wagt es nicht, die eigene Identität zu erforschen oder gar auszuprobieren. Er ist die Sicherheit gewohnt, auf alle Fragen das Verhalten und Denken betreffend eine vorgefertigte Antwort oder Anweisung zu bekommen.

In der Zeit der Jugend gilt es sich auszuprobieren, die eigenen Grenzen zu erkunden und zu übertreten, um dadurch die eigenen Stärken herauszufinden. Die Libido, die Lebenskraft, ist jetzt so stark wie sie nie wieder sein wird und möchte kanalisiert und gelebt werden. Die Amish- People in Amerika wissen um diese Kraft: Sie haben dafür ihrer Jugend die Möglichkeit eingeräumt, von der Gemeinschaft unabhängig Erfahrung zu sammeln. Die Zeit des „Rumspringa" erlaubt es den jungen Menschen, sich eine Zeitlang ohne die Normen ihrer Kirche zu er- leben, ohne die Sanktionen erfahren zu müssen, die mit einem solchen Verhalten normalerweise verbunden wären. Damit bilden sie aber eine Ausnahme.

<WER BIN ICH?>

Der junge Mensch, der im Kult aufwächst, sieht sich einem relativ schmalen Spektrum der Möglichkeiten zur Selbsterfahrung gegenüber. Schulbildung gilt in den meisten Kulten zwar als notwendig, allerdings wird eine höhere Bildung oder sogar ein Universitätsstudium als nicht erstrebenswert hingestellt. Stattdessen bekommt das Mitglied immer wieder zu hören oder zu lesen, dass eine Laufbahn *innerhalb* der Gemeinschaft wirklich lohnenswert ist. Diese Botschaft wird direkt oder subtil andauernd vermittelt, was bewirkt, dass das Gewissen sich schon meldet, wenn man still andere Berufs- und Karrierewünsche hegt.

Mit Hobbys verhält es sich ebenso. Egal wohin man selbst tendiert hat, ob im Sport, der Musik oder in anderen Bereichen: Alles, was nicht dem Maßstab der Lehre (oft auch nach dem Ermessensspielraum der gläubigen Eltern) entspricht, fällt durch und damit auch weg. Entweder hat so etwas „Zeit in der neuen Welt" oder es ist „nichts für einen wahren Anbeter Gottes".

Vielleicht findest du dich unter diesen Beschreibungen wieder. Dann kannst du mit großer Wahrscheinlichkeit davon ausgehen, dass die Ausbildung deiner Identität, also deiner Persönlichkeit nicht vollständig und entwicklungsgerecht stattgefunden hat.

Aber wie damit umgehen? Eine umfassende Aufarbeitung lässt sich nicht umgehen, wenn du vollständig „gesund" werden möchtest. Dazu ist möglicherweise eine Psychotherapie nötig[3]. Scheue dich nicht. Die Gesamtheit deiner Persönlichkeit liegt unter einer dicken „Eisschicht", die es „aufzutauen" gilt. Möglicherweise existiert bei dir eine sogenannte „Identitätsdiffusion". Das bedeutet,

---

[3]   Psychotherapien aller Art werden in den meisten Glaubensgemeinschaften eher negativ gesehen und gelten oft als ein Zeichen mangelnden Vertrauens gegenüber Gott. Stellst du fest, dass der Gedanke an eine Therapie oder irgendeine Selbstfindungserfahrung in dir einen ablehnenden Reflex auslöst, ist das ein freundlicher Hinweis darauf, dir deine Konditionierungen an dieser Stelle genauer anzusehen.

<WER BIN ICH?>

dass dein Selbstbild nicht vollständig entwickelt ist bzw. „zersplittert" ist. Das liegt daran, dass dein Unterbewusstsein seit langem im Zweifel ist; im Zweifel vielleicht gegenüber dem eigenen Wert, den eigenen Fähigkeiten oder sogar der geschlechtlichen Identität. Dieser Zweifel entstand, als deine kindliche Psyche mit Ge- und Verboten konfrontiert wurde, mit welchen sie hoffnungslos überfordert war. Es gab ein Spannungsfeld, auf dessen anderer Seite deine inneren Wünsche und Triebe waren, die du unterdrücken musstest. All das geschah nur teilbewusst, wenn überhaupt; das Meiste hat sich unbewusst abgespielt.

Wenn du oftmals das Gefühl hast, nicht du selbst zu sein, „neben dir zu stehen" und dich dabei selbst beobachten zu können, dann sind das ernst zu nehmende Hinweise, dass du professionelle Hilfe in Anspruch nehmen solltest.

4.4 Die „Konvertierten"

Wer sich als erwachsener Mensch einer Glaubensgemeinschaft anschließt, muss seine bisherigen Einstellungen, Überzeugungen, Gewohnheiten und Vorlieben radikal ändern und meist auch vollständig aufgeben. Ein geistiger Kahlschlag findet statt, der allerdings nicht irreversibel ist: Die Wurzeln sind sozusagen noch im Boden. Der Konvertit hat „die alte Persönlichkeit abgelegt" und hat sich nach dem Bild des Kultes neu geformt. Er hat gelernt, dass diese Vergewaltigung der Seele eine notwendige, aber lobenswerte Maßnahme ist, durch die er Gott erst gefallen kann. In mancher Hinsicht hat er möglicherweise den Eindruck, diese Anstrengungen haben zu einer tatsächlichen Verbesserung seiner Persönlichkeit geführt, zu einer, die sichtbar ist und von anderen bestätigt werden kann. Tatsächlich aber hat die Veränderung nur auf der Symptom-Ebene stattgefunden. Das subjektive Glück speiste sich aus der Bestätigung anderer und aus der Selbstmanipulation, die zu der Überzeugung führte, Gottes Segen zu haben.

<WER BIN ICH?>

Ich will letzteres nicht als völlig abwegig hinstellen. Natürlich bewirkt ein Kult nicht nur Negatives. Immerhin vertritt er in der Regel eine vergleichsweise „hohe" Moral (hierbei darf natürlich die Frage gestellt werden, welche Moral als erstrebenswert oder „hoch" angesehen werden darf und welche lediglich auf überkommendem gesellschaftlichem Konsens beruht). Dennoch bleibt der Kern unberührt, weil die Strategie des Kultes am Individuum vorbeigeht. Erst wenn der Mensch seine Neurosen und Ängste wirklich angeschaut hat, ist die Basis für echte Veränderung gegeben. Erst, wenn er wirklich mit sich selbst konfrontiert war, kann Heilung geschehen und kann erst dann dieses Selbst tragend in eine Gemeinschaft von Menschen einbringen. Die Heilung des Wesenskerns des Menschen geschieht hier aber nicht auf der Handlungs- oder Symptom- Ebene, sondern auf einer Ebene, auf welcher ich durch Disziplin und Härte gegen mich selbst meiner Persönlichkeitsstruktur mit Gewalt eine neue Form gebe.

Wer den Weg in einen Kult findet, ist auf der Suche. Gerade die fehlende innere Balance und eine tief sitzende Unzufriedenheit mit sich und/ oder der Welt sind ein Motor, der die Suche antreibt. Dabei wird übersehen, dass das Finden im Außen eine Folge eines inneren Prozesses sein muss, der bereits zum inneren Frieden mit sich und der Welt geführt hat. Darin bestand übrigens der Sinn der Initiationsriten indigener Kulturen und der Völker der vorchristlichen Ära: Ein Sterben findet statt, indem sich der Aspirant darüber klar wird, dass seine Form vergänglich, er im Wesenskern aber ein Teil des Ganzen ist. In dieser Erkenntnis, die er völlig zurückgeworfen auf sich selbst hat, findet er inneren Frieden. Nun kann er sich selbst in die Welt einbringen.

Jetzt liegt die Zugehörigkeit zum Kult (zumindest innerlich) hinter dir, und die Suche beginnt vielleicht von neuem. Wieder bist du den Fragen ausgesetzt, die du vorher hattest. Du bist möglicherweise ernüchtert, neigst dazu entweder zu viel oder zu wenig nachzudenken. Dabei hast du lediglich eine *Erfahrung* gemacht. Die

Ent- täuschung lässt die Täuschung enden. Sie ist aber kein Hinweis darauf, dass von nun an alle Versuche, Antworten zu bekommen, fehlschlagen müssen. Habe Geduld.

Wie im Abschnitt über die Bewusstseinskontrolle bereits erklärt, hat der Kult dich De- individualisiert, d. h., deine „alte" Persönlichkeit wurde durch die idealisierten und konformierten Maßstäbe zurechtgestutzt und verformt. Schön gerade sahst du dann aus, wie alle anderen auch. Jetzt gilt es, den Prozess umzukehren und dich zu „Re- individualisieren". In- divi-duum kommt aus dem Lateinischen und bedeutet „nicht teilbar". Und darum geht es: Nämlich deinen authentischen Wesenskern zu finden, der einzigartige Mensch, der du bist. Dieser Mensch ist eine Bereicherung für die Welt und hat es nicht nötig, sich künstlichen Vorgaben, wie „man zu sein hat", anzupassen. Erinnere dich an deine Stärken! Schau dir deine vermeintlichen Schwächen an: Sind es wirklich „Schwächen"? Liegt dahinter nicht vielleicht eine Sehnsucht, die unterdrückt wird, weil der Glaube an die Möglichkeit ihrer Erfüllung fehlt? Wenn wir nicht großartig denken, können wir keine großartige Wirklichkeit erschaffen. Ängste und Zweifel halten uns klein und wir wundern uns dann, dass die Ergebnisse in unserem Leben nur bescheiden anmuten.

Als Konvertit verfügst du über eine sogenannte „pre-cult-mentality": Du hattest ein „Leben vor dem Kult". Darauf kannst du nun ein Stück weit zurückgreifen. Die Hobbys, die du wirklich gerne gemacht hast, die Freizeitbeschäftigungen und Neigungen: Du musst sie nun nicht mehr ins „Paradies" verschieben. Du kannst daran anknüpfen und damit eine Grundlage schaffen, von der aus du dich weiterentwickeln kannst.

4.5 Warum war ich....?

Noch wichtiger aber ist die Frage, was dich zur Glaubensgemeinschaft hingezogen bzw. dort gehalten hat. Vermutlich hast du das Leben als ungerecht erlebt, hast dir eine Lösung für die über-

<WER BIN ICH?>

mächtigen Probleme dieser Welt gewünscht. Oder aber du hast eine Heimat gesucht, eine geistige (oder tatsächliche) Familie, die eine gewisse Geborgenheit liefert. Oder du hast deine eigene Existenz als unbedeutend wahrgenommen, vergänglich und klein. Der „göttliche", übergeordnete Auftrag gab deinem Leben Bedeutung und Gewicht. Das Versprechen, alle Fragen des Lebens beantwortet zu bekommen und Dinge wissen zu können, die die Mehrheit der Menschen nicht weiß, kann ein weiteres Motiv gewesen sein. Möglicherweise fandest du in der Gemeinschaft die Anerkennung, die dir bisher im Leben gefehlt hat. Oder es war das Bedürfnis nach Harmonie, welches du bisher in deinem Leben nicht verwirklichen konntest, weil du Konflikte verabscheust. Eine schonungslose Ehrlichkeit bei der Wahrheitsfindung ist hier nötig, um dir nicht noch einmal selbst „auf den Leim zu gehen".

4.6   Am Anfang war der Mangel

In einer vollkommen gesunden und Selbst- bewussten Gesellschaft könnte kein Kult existieren. Der Kult bedient immer einen vorhandenen *Mangel*. Genaugenommen ist jeder Kult und jede fundamentalistische Glaubensgemeinschaft ein Abbild und eine Manifestation bestimmter Ängste und Mangelgefühle. In den christlichen Glaubensgemeinschaften existiert der Vatergott, der alles richten wird, die Mutter „Organisation", in deren Schutz ich für alles Rat finde, das Paradies, in welchem die Sorgen enden... Wir müssen unsere Motivation erkennen und demaskieren ansonsten bleiben die wirklichen Ursachen unentdeckt. Dabei sind es gerade diese Ursachen, die dir den Weg zu deinem persönlichen Glück weisen können. Es sind die schmerzhaften Gefühle, die in Richtung Heilung lenken, denn der Schmerz ist eine Schutzfunktion. Nicht immer aber führt die Schonung der seelischen Wunden zu ihrer Ausheilung. Die Psyche des Menschen arbeitet selbsterhaltend; sie wiederholt vergangene Fehler gerne, weil Bekanntes attraktiver ist (weil „sicher") als Neues (vielleicht „gefährlich"). Des-

<WER BIN ICH?>

halb kann man beobachten, dass die Menschen immer die gleichen Sorgen und Probleme haben: Kein Geld, den „falschen" Partner, den dämlichen Chef und so weiter. Ist der eigene Mangel im Denken und Fühlen erst einmal erkannt und gewürdigt, kannst du dein Leben mit einer völlig neuen Sicherheit und einem neuen Selbstbewusstsein leben. Du findest wirkliche Ziele, nicht solche, die einen unbewussten Mangel kompensieren müssen.

Der unbewusste Wunsch, einen Mangel auszugleichen, ist auch der Grund dafür, warum sich Mitglieder religiöser Sondergemeinschaften im Besitz des „wahren" Glaubens wähnen. Ihr einfaches da-Sein empfinden die meisten Menschen im westlichen Kulturkreis als nicht ausreichend. Wir fühlen uns des Lebens nicht würdig. Materieller oder geistiger Besitz hingegen verleiht Status. Frei nach Descartes könnte man sagen „ich habe, also bin ich". Wenn ich im *Besitz* der Wahrheit bin, bin ich lebenswert.

„Die Welt da draußen ist kalt und lieblos." So lautet die Botschaft der meisten christlichen Glaubensgemeinschaften. „Wohin sollen wir gehen?" Damit befasst sich das folgende Kapitel.

5   Wohin gehen und wo bleiben?

Allgemeine Paranoia?

Die *ICD* (International Code of Diseases, internationaler Katalog der Krankheitsbilder) definiert unter F22 eine wahnhafte Störung (Paranoia) wie folgt: *Eine Störung, charakterisiert durch die Entwicklung eines einzelnen Wahns oder mehrerer aufeinander bezogener Wahninhalte, die im allgemeinen lange, manchmal lebenslang, andauern* (Ausgabe 2013).

Jeder Kult unterliegt der Hybris, seine Existenz und Legitimation kämen direkt von Gott, bzw. Gott bediene sich einzig ihrer Organe als Kanal. Die anderen Gemeinschaften sind selbstverständlich „Sekten", die eigene Glaubensgemeinschaft ist Gottes auserwähltes Volk. Nur sie verfügt über eine Offenbarung des Willens Gottes. Gott selbst übermittelt durch den Führer oder die Führungsgruppe der Gemeinschaft seinen Willen für die Gegenwart und die Lehre beantwortet alle Fragen des Warums, Woher und Wohin. Diese Überhöhung des eigenen Daseinszwecks schließt jede Relativierung aus. Das führt zu einer tatsächlichen Gruppenparanoia: Alles Weltgeschehen kann nur durch die verzerrte Brille der Glaubenslehre wahrgenommen werden. Das kann *kein wirkliches* Glück zur Folge haben: In der „bösen Welt" kann ich keine echten Freundschaften haben, keine echte Freude erleben, keinen Erfolg haben. Nicht alles darf zur Sprache gebracht werden, persönliche Ansichten, die möglicherweise sogar von der Lehre, dem „common sense" abweichen, werden für sich behalten. Wenn nicht, erzeugen sie Misstrauen und derjenige, der sie äußert, muss mit Sanktionen rechnen. Alles Denken misst sich an der Lehre. Echten Pluralismus und Meinungsfreiheit gibt es nicht.

Innere, persönliche Konflikte werden außerdem auf die Außenwelt übertragen. Das kann dramatische Folgen haben, denn solchermaßen verdrängte innerpsychische Konflikte wirken natür-

<WOHIN GEHEN UND WO BLEIBEN?>

lich unter der Oberfläche weiter und lassen blinde Flecken in der Wahrnehmung der Realität entstehen. Ich versuche unbewusst, meinen inneren Mangel in der Außen- Welt zu stillen.

5.1 Glaubenssätze

Glaubenssätze helfen dabei, denn sie verengen die Wahrnehmung noch weiter. Solche Glaubenssätze könnten lauten: „Ohne die Annahme des rechten Glaubens können wir keine Erlösung finden/ nicht zu Gott finden/ Christus nicht annehmen", „das Leben in dieser Bösen Welt ist hart und schwer", „vertraue auf Gott, er wird zur rechten Zeit helfen", „ich muss fleißig und beschäftigt sein", „ich habe keine Zeit", „wir brauchen die Führung und Hilfe der Organisation"....

Alle diese Glaubenssätze (die Liste ließe sich beliebig verlängern) haben miteinander gemein, dass sie einen gewissen Wahrheitsgehalt transportieren – ansonsten würden sie ins Leere laufen. Möglicherweise fehlt es mir tatsächlich an Geduld oder (Ur-) Vertrauen. Oder es fehlen mir die Impulse für mein persönliches Wachstum, die ich mir selbst nicht liefern kann. Oder ich tue mir schwer, meinem Leben Sinn und Inhalt zu geben. Doch wirken diese Glaubenssätze wie ein Analgetikum, ein Schmerzmittel, welches die Symptome behandelt und damit in der Folge die Aufmerksamkeit auf den falschen Fokus lenkt.

Und noch etwas Entscheidendes: Diese tief sitzenden Glaubenssätze erzeugen zweierlei. Erstens: *Ich kann nie genug sein.* Meine Existenz, meine Bemühungen und mein Einsatz können niemals den Anforderungen in einem Maße gerecht werden, in welchem ich mit meinen Leistungen zufrieden sein kann. Das erzeugt *Leid,* und zwar dem Maße, dass ich es für normal halte, zu leiden. Leid ist in den meisten Kulten sowieso sinngebend: Deshalb ist die Heilslehre ja notwendig. Doch hier bekommt das Leid eine persönliche Dimension; auf mir lastet eine Schuld, denn alles Leid, was ich erfahre, kommt unter anderem von meinem Ungenügen. Die

<WOHIN GEHEN UND WO BLEIBEN?>

Ursache wird immer wieder auf mich zurückgeführt. In der Fachsprache gibt es auch dafür einen Begriff: „Blaming the victim" – „Gib die Schuld dem Opfer"! Dieser Haltung liegen Aussagen zugrunde wie: „Du hast noch nicht ausreichend zum Glauben gefunden", „deine Demut ist nicht echt", „du musst mehr beten, studieren, predigen, dienen..." und Ähnliche. Die Schuld liegt immer wieder beim Einzelnen, nie aber im System.

Zweitens: *Ich kann nie Erfolg haben.* Aller Erfolg und Fortschritt (oder „Segen"), der sichtbar oder messbar ist, ist allein „Gott" oder der von ihm gebrauchten „Organisation" geschuldet. Wer anders denkt, dem fehlt die nötige Demut. In einem solchen Klima kann sich kein gesundes Selbstvertrauen entwickeln. Im Gegenteil: Die Abhängigkeit zur Gruppe wird andauernd verstärkt.

Aber zurück zu den Glaubenssätzen. Zunächst einmal funktioniert und wirkt der Glaubenssatz. Es entsteht der subjektive Eindruck von Frieden und Harmonie. Sämtliche Widersprüche scheinen aufgelöst. Das frühere Leben scheint rückblickend sinnleer. Erst durch die Zugehörigkeit in der Glaubensgemeinschaft gewinnt das Leben an Bedeutung und – was noch schlimmer ist – an Wert.

Ein weiteres Merkmal der Paranoia im Kult ist das „finalistische Denken". Bei Kleinkindern empfindet man es als normal, wenn sie meinen, alles ist zu einem Zweck da, der in einem Bezug zu Mama, Papa oder insbesondere dem Kind selbst steht. Das nennt man „finalistisches Denken". Später erkennt das Kind die größeren Zusammenhänge und die Welt wird mehr und mehr „entzaubert". Im Kult aber ist dieses Denken fest verankert. Die Welt existiert, weil Gott sie so und insbesondere *für* den Menschen als „Krone der Schöpfung" geschaffen hat. Alles im Kosmos ist auf den Menschen ausgerichtet. Selbst Gott ist auf den Menschen ausgerichtet: seine „Rechtfertigung", seine „Herrlichkeit" oder „Macht" – zu allem ist der Mensch notwendig. Von seinem Verhalten hängt das Wohl der

<WOHIN GEHEN UND WO BLEIBEN?>

irdischen und himmlischen Schöpfung ab, zumindest in gewissem Maße. Die Utopie wird in einem naiven Stadium gehalten, das Poetische, die Analogie wird wörtlich genommen: Die Bilder vom Paradies, von einer heilen Welt, in der ich von all meinen Sorgen befreit bin, in der alle Ängste verschwunden sind, die Vorstellung eines vollkommenen Menschen – all diese Vorstellungen sind Teil eines Wahns, denn sie widersprechen der Wirklichkeit und Erfahrung. Es sind Manifestationen innerer Sehnsüchte, die ihre Existenzberechtigung alleine daraus beziehen, dass eine Gruppe von Menschen beschlossen hat, sie für eine „beweisbare" Wahrheit zu halten.

Die „Welt draußen" mit all ihren „Versuchungen" lockt und es gilt ständig, ihr zu widerstehen. Von innen wirkt das „gefallene" oder „sündige Fleisch", dessen Neigungen ebenfalls immer wieder bekämpft werden müssen. Das hat zur Folge, dass das Leben für einen endlosen Kampf gehalten wird. Selbst ist man ohne die Gemeinschaft weitestgehend schutzlos. Man ist bestrebt, nicht den Segen Gottes zu verlieren, indem man ihn durch Nachlässigkeit aufs Spiel setzt. Daher wird man zu einem zeitlich engen Programm angehalten, welches beschäftigt hält. Das ist eine paranoide Haltung, denn die Wirklichkeit der Dinge kann nicht mehr erkannt werden, weil die Neutralität, der eigene Blick, verloren gegangen ist. Es sind Glaubenssätze, welche die Paranoia verursachen und aufrechterhalten. Sie funktionieren übrigens nur mit der Anwendung des Schuldkonzeptes: Nichterfüllung der Anforderungen, also des Wahns erzeugen ein schlechtes Gewissen.

Diese naiven Bilder müssen nun aufgelöst und neu zusammengesetzt werden: Keine rückblickende Schuldigkeit, sondern eine nach vorne schauende Verantwortlichkeit gegenüber sich selbst und der Umwelt darf jetzt entstehen.

Auch die Erleichterung, die Befreiung von einer Last darf jetzt bewusst wahrgenommen werden: Du bist nicht verantwortlich für

<WOHIN GEHEN UND WO BLEIBEN?>

das Leben anderer, nicht verantwortlich dafür, dass Gottes Wille auf der Erde durchgesetzt und erkannt wird oder verantwortlich dafür, dass Gott oder seine vermeintliche Organisation erkannt oder gewürdigt wird. Du bist verantwortlich für dich, für dein Glück, denn das ist die Voraussetzung dafür, dass du positiv und glückstiftend in die Welt hineinwirken kannst.

5.2 Aus der Abhängigkeit

Wir müssen uns eingestehen, dass wir in einer Abhängigkeit zum Kult gelebt haben. Tatsächlich weist die Kultdynamik viele Merkmale einer *Sucht* auf. Das Fehlen des Suchtmittels führt zu Stress. Es gibt wohl eine hohe Dunkelziffer von Personen, die in einer Glaubensgemeinschaft verharren, obwohl sie längst Zweifel an der Sinnhaftigkeit dessen quälen und sie schon innerlich „gekündigt" haben. Die Sucht ist eine Krücke, eine verfügbare „Lösung" für unbewältigte Konflikte.

Bei vielen „Aussteigern" kommt es zu regelrechten Abstürzen, weil sie ohne das haltende Gerüst der Gemeinschaft zusammenbrechen. Das äußert sich beispielsweise dadurch, dass sie glauben, alles nachholen zu müssen, was sie früher nicht „durften". Dabei lassen sie außer Acht, dass sie ihre eigenen Bedürfnisse gar nicht wirklich kennen, dass sie gar nicht im Kontakt zu ihrem inneren Wesenskern stehen. Es fehlt ihnen sowohl die Orientierung als auch die Navigation. Der Weg zu diesem inneren Kern, zum authentischen Selbst muss behutsam gesucht und gegangen werden. Vor dieser Herausforderung stehst auch du vielleicht.

Das authentische Selbst zu finden ist besonders deshalb schwierig, weil du gewohnt bist, in allen Bereichen klare Hinweise oder Anweisungen zu bekommen. Richtig und Falsch waren klar voneinander abgegrenzt. Nun aber scheinen diese Grenzen nicht mehr klar zu existieren. Ist es Freiheit oder Haltlosigkeit, die ich da erlebe? An dieser Stelle wünschen sich manche zurück in die Gemeinschaft. Dort war es sicher, geregelt. Es gab keine Fragen zu durch-

<WOHIN GEHEN UND WO BLEIBEN?>

denken, keine schwerwiegenden Entscheidungen in Bezug auf richtig oder falsch zu treffen. Es war eine enge, aber sichere Heimat. Die Organisation war wie eine Mutter (so hat sie sich ja auch meist selbst dargestellt). Aber genau wie jede andere Sucht hat sie deine Persönlichkeiten verzerrt und deine Freiheit eingeschränkt. Nun aber ist man geistig dem „Elternhaus" entwachsen. Du musst für dich selbst sorgen, für dich selbst verantwortlich sein oder werden. Du solltest erkennen, dass die Zugehörigkeit zur Gemeinschaft eine Regression darstellt, ein Leben in einem kindlichen Weltbild und einer sucht- ähnlichen Abhängigkeit.

5.3 Gewissensnöte

Es kann aber auch sein, dass du das Gefühl hast, *zu Recht* aus der Gemeinschaft ausgeschlossen worden zu sein oder aber, wenn du selbst gegangen bist, nun Gottes Segen verloren zu haben. Dein Gewissen ist möglicherweise schwer belastet. Du stehst unter Umständen unter einer immensen innerlichen Spannung, weil du dir nicht sicher bist, ob deine Entscheidung richtig war und/ oder wie du dich jetzt verhalten sollst. In dem Film „Hüter der Erinnerung" fragt der Konforme den Zweifler, der beginnt, die Normen der Gemeinschaft Infrage zu stellen: „Wenn es richtig ist, warum ist es gegen die Regeln?"- Darin zeigt sich das kreisförmige Denken im Kult. Die Regeln der Gemeinschaft sind für dich bisher gleichbedeutend mit „Recht" gewesen.

Vielleicht hast du nun von der Glaubensgemeinschaft den Stempel „Reuelos" bekommen. Dann gilt es jetzt, an die Arbeit zu gehen: Es muss Ordnung geschaffen werden! Ohne eine innere Ordnung wirst du keine innere Klarheit bekommen, sondern immer zwischen zwei Stühlen sitzen: Selbst wenn du glaubst, dich von der Gemeinschaft gelöst zu haben, wird ein Restzweifel übrigbleiben und dich limitieren und dir die Lebensfreude nehmen. Es ist unumgänglich, zu deiner Vergangenheit eine klare und eindeutige Haltung einzunehmen. Dabei spielt es im Grunde genommen

<WOHIN GEHEN UND WO BLEIBEN?>

keine Rolle, ob du selbst Abschied genommen hast oder es sich um eine Sanktionsmaßnahme handelt und du exkommuniziert wurdest. Deine Position sollte gut fundiert und begründet sein, und das in erster Linie vor dir selbst.

Alle Gedanken, die wir denken, durchlaufen einen Filter, der im Laufe unseres Lebens seine Einzigartigkeit erreicht, eine Prägung, die uns als Individuum ausmacht. Kein einziger Gedanke ist davon unberührt, also frei. Unser Gewissen schlägt auf eine Weise an, wie es gelernt hat anzuschlagen. Unsere Meinung über uns selbst kann niemals die Wirklichkeit unserer Natur abbilden, sondern sie ist eine Repräsentation unserer Erziehung, unserer Traumata, unserer Denkgewohnheiten, Ängste, Erfahrungen und Glaubenssätze. Nun ist die Zeit für einen Reset, einen Neustart gekommen. Die alten Denkgewohnheiten müssen auf den Prüfstand. Eine Frage könnte lauten: *Sind meine Überzeugungen über mich selbst nicht einfach Denk- oder Glaubensgewohnheiten?*

Vieles ist bereits gegangen, vieles wird noch gehen müssen, einiges wird bleiben dürfen.

Dazu aber ist es nötig, mit Geduld und Feingefühl vorzugehen. Manch einer ist geneigt, die Vergangenheit im Kult in Bausch und Bogen zu verurteilen und damit das Kind mit dem Bade auszuschütten. Dabei wird außer Acht gelassen, dass man selbst für die Glaubenslehre eingestanden hat, selbst die Überzeugung dahinter gelebt hat, ja sie sich hart erarbeitet hat. Das ist zu würdigen! Es ist eine große Leistung gewesen. Und es bedarf einer großen Leistung, sich davon wieder zu befreien. Dennoch wäre es ein Fehler, die Zeit in der Glaubensgemeinschaft abzuwerten. Warum mit Scham auf die Vergangenheit zurückschauen? Viele Aktivitäten, die in der Gemeinschaft Standard waren, erforderten eine hohe Disziplin und viel Kraft. Dadurch, dass du diese Leistung erbracht hast, hast du bewiesen, dass du über einen starken Willen und echtes Durchhaltevermögen verfügst. Und beides brauchst du immer noch. Die Wunde, die der Abschied von der Gemeinschaft gerissen hat, muss

<WOHIN GEHEN UND WO BLEIBEN?>

vollständig gesäubert werden, der „Bruch" muss sorgfältig ge-
schient werden.

Dazu sind die vier Schritte hilfreich, die im nächsten Kapitel
vorgestellt werden.

<DAS VIER- SCHRITTE PROGRAMM ZUR INNEREN FREIHEIT>

6 Das vier- Schritte Programm zur inneren Freiheit

6.1 Schritt eins: Anerkenne, dass du in einem Kult warst!

Niemand ist frei, der über sich selbst nicht Herr ist.

Matthias Claudius

Dieser erste Schritt ist vielleicht auf den ersten Blick nicht der anspruchsvollste, aber er ist wohl der Schwerste. Das liegt daran, dass er mit dem eigenen Selbstwertgefühl zu tun hat. Der „Organisation", dem „wahren Glauben" oder der „Wahrheit" den Rücken kehren, das ist Verrat an Gott selbst! Da taucht wieder der Schuldbegriff auf: Die Vorstellung, etwas „falsch" gemacht zu haben, ist uns zuwider und wir haben gelernt, dass Fehler zu vermeiden sind. Ein „richtiger", korrekter Lebensweg sei der Schlüssel zu Glück und Erfolg. Wenn wir nur die „Gebote" hielten, also die Regeln einhalten würden, würden sich das Glück und die Zufriedenheit schon einstellen.

Die Zeit zeigte aber, dass dem nicht so war. Statt Glück, Zufriedenheit, echter innerer Stabilität oder einem Getragen sein in der Liebe stellte sich oft langsam aber stetig das Gegenteil dessen ein. Vielleicht war da ein Gehetzt-sein und/ oder ein Überdruss, eine Müdigkeit, die deine dauernde hintergründige Enttäuschung spürbar gemacht hat.

Aber du hast nicht leichtfertig aufgegeben. Durchhalten, „Ausharren" oder Starkbleiben- du hattest die Parolen verinnerlicht, überzeugt, dass du damit dem höchsten Schöpfer wohlgefällig bist.

Diese Kampfrhetorik ist aber menschenverachtend. Sie stellt Leid als notwendig dar. An dieser Stelle ist es immer gut, in sich hinein zuhören: Was sagt mein Innerstes zu solch einem Gottesverständnis? Will und kann ich einen Gott lieben, der die Welt trotz

<DAS VIER- SCHRITTE PROGRAMM ZUR INNEREN FREIHEIT>

seiner Allwissenheit *so* gemacht haben soll? Er würde indirekt die Schuld am Leid tragen, denn er hätte es sowohl ermöglicht, als auch würde er es dulden, anstatt es endlich zu beenden.

Tatsächlich aber war es lediglich die *Lehre*, die Doktrin des Kultes, die das Leiden verursacht hat. Allein sie hat deine Sehnsüchte, deine Wünsche, deine Veranlagungen, ja deine gesamte Persönlichkeit in dem Maße geformt, dass dieses Leid erst *erzeugt* wurde.

Die Ideen ihrer Lehren entstammen vielleicht der Bibel, doch erst der Wahrheitsanspruch der Glaubensgemeinschaft auf ihre Auslegung hat das Leid erzeugt indem sie die Spaltung geschaffen haben. Sie haben den Glauben ent- personifiziert. Der Glaube ist eben nicht mehr deine eigene Sache gewesen im Sinne der Worte Jesu: „Denn so sehr hat Gott die Welt geliebt, dass jeder, der an ihn glaubt, nicht zugrunde geht, sondern das ewige Leben habe" (gemäß Johannes 3,16, *Einheitsübersetzung*). Die Erlangung „ewigen Lebens", also die Verheißung des göttlichen Segens, obliegt nicht dem Einzelnen, sondern gilt erst in Verbindung mit dem Glauben an die jeweilige Heilslehre. Das Paradies ist keine freie Gabe, kein Versprechen Gottes mehr, sondern es ist an die Bedingungen des Kultes geknüpft. Der Glaube ist längst zu einem funktionalen Korpus erstarrt. Er ist nicht mehr der Boden, auf welchem mein Denken wachsen und gedeihen kann, sondern ein Gefängnis, welches alles umschließt.

Wenn du ab heute klar bist und überzeugt sagen kannst „ja, ich war in einem Kult/ in einer Sekte/ in einer religiösen Sondergemeinschaft", dann hast du diesen Schritt bewältigt. Falls dir dieser Satz ganz und gar nicht leicht über die Lippen kommt, nimm dir Zeit, der Sache völlig auf den Grund zu gehen. Wenn dein Gewissen noch belastet ist, wird das im Unterbewussten ein starkes Hemmnis sein, wirklich frei und glücklich zu werden.

Es ist nicht in Abrede zu stellen, dass die Zugehörigkeit zu einer bestimmten Glaubensgemeinschaft der richtige Weg sein kann!

<DAS VIER- SCHRITTE PROGRAMM ZUR INNEREN FREIHEIT>

Eine solche Zugehörigkeit bedeutet nicht automatisch die völlige Unfreiheit, Abhängigkeit oder Unglück[4] Doch muss sie in großem Maße *bewusst* sein. Erst, wenn ich die ganze Wirklichkeit gesehen habe, wenn ich um die Fehlbarkeit und um die Bewusstseinskontrolle weiß, sie quasi aufschlüsseln kann UND wenn ich meine eigenen maskierten Motive und Projektionen kenne, bin ich wirklich frei. Es ist natürlich fraglich, ob ich ein Verbleiben in der Gemeinschaft dann noch als Weg für mich wählen würde. Sicher, eine jede Glaubensgemeinschaft kann eine Hilfe sein, seinen Glauben im Außen leben zu können. Doch sie darf nicht *notwendig* sein.

Möchtest du dich allerdings von den Lehren, die du heute nicht mehr als hilfreich oder gar als falsch betrachtest, völlig lösen, ist es unumgänglich, dich mit ihnen noch einmal genauer auseinander zu setzen. Das kostet Zeit und Anstrengung, aber das kostete es auch, diese Lehren in deinen Kopf zu bekommen. Wie solltest du dabei vorgehen?

Du könntest eine Liste erstellen, mit welchen Lehren du dich auseinandersetzen willst. Das ist eine gute Übung, die Mind-Control, speziell die Informationskontrolle aufzubrechen. Du wirst dich mit Literatur befassen müssen, die du früher nicht mit der Beißzange angefasst hättest (siehe auch INFORMATIONSKONTROLLE).

Nun gibt es keine verbotene Literatur oder Webseiten mehr. Es geht dann nicht mehr in erster Linie darum, *wer* etwas sagt, sondern *was* jemand sagt. Damit entwickelst du mit der Zeit eine Multi- Perspektive, die es dir erlaubt, den Blickwinkel zu ändern. Es werden Facetten sichtbar, die vorher versteckt waren. Die Mög-

---

[4]   Ausnahmen bilden einige totalitäre Gruppen. Diese erfordern aufgrund ihrer Struktur eine völlige Hingabe, d. h. die Ent- personalisierung ist eine totale. Eine solche Praxis kann uneingeschränkt als inhuman bezeichnet werden, da sie die persönliche Freiheit nicht nur beschränkt, sondern sie gänzlich unmöglich macht.

<DAS VIER- SCHRITTE PROGRAMM ZUR INNEREN FREIHEIT>

lichkeit einer einzig richtigen Auslegung (beispielsweise der Bibel) existiert nicht mehr. Das bedeutet nicht, dass sich alles im schwammigen Relativismus verlieren muss, wie es oft von Kulten angekreidet wird. Im Gegenteil: eher formt sich ein Bild in Annäherung dessen, was ursprünglich gemeint war. Du hast das Recht und die Freiheit, zu persönlichen Schlussfolgerungen und Interpretationen zu kommen!

Dabei müssen viele Dinge berücksichtigt werden, um eine möglichst präzise Idee davon bekommen zu können: Welche historischen Gegebenheiten lagen vor? Welche gesellschaftlichen Werte herrschten? Wie ist der tatsächliche Schriftzusammenhang zu werten? Was könnte der Mensch, der das aufschrieb, gemeint haben? Was glaubte er vermutlich? Was sagt der Text über ihn als Mensch aus?

Befasst du dich mit den speziellen Lehren „deiner" Glaubensgemeinschaft, frage dich: Wann entstanden diese? Wie war die betreffende Lehre früher und warum? Was sagt die zeitgenössische Literatur? Ist das in Übereinstimmung mit dem, wie es heute von der Gemeinschaft bzw. ihrer Führung hingestellt wird? Was zeigen die Erkenntnisse der Naturwissenschaften? Können die Zeitabstände und Berechnungen stimmen? Gibt es in der Geschichte Parallelen?

Auch wenn das sich jetzt nach harter Arbeit anhört: es macht Spaß! Und das soll es auch. Du wirst auf diesem Weg immer freier, informierter und gewinnst eine große Klarheit. Viele ehemalige Angehörige eines Kultes leben noch jahrelang mit dessen Lehren als Erklärung der Welt, des Ursprungs des Bösen und der proklamierten Zukunftsprognose. Damit stagnieren sie in einem Zustand der latenten Unsicherheit oder sogar Angst. In diesem Zustand können sie nicht frei und offen sein für die ganzen Wirklichkeiten des Lebens; sie können nicht ihren eigenen Weg finden, denn sie fahren noch auf den alten Gleisen. Sie erfüllen unbewusst die Rolle,

<DAS VIER- SCHRITTE PROGRAMM ZUR INNEREN FREIHEIT>

die ihnen vom Kult zugedacht wird: ein „Aussteiger" oder „Ausgeschlossener" ist abgeschnitten, er ist zum Unglück verdammt.

6.2 Schritt zwei: Hole dir deine Würde zurück!

Ich bin der Wahrheit verpflichtet, wie ich sie jeden Tag erkenne, und nicht der Beständigkeit.

Mahatma Gandhi

Diese Aussage Gandhis macht den Wert der Verantwortung des Einzelnen deutlich. Nicht die Gruppe kann definieren, was wahr ist. Ich selbst bin diejenige Instanz, die darüber entscheidet. Und das ist der nächste wichtige Punkt zur Erlangung innerer Freiheit. Im Laufe der Indoktrination, also der Zeit, in welcher du die Glaubenslehre verinnerlicht hast, wurde diese Instanz zunächst diffamiert. Dein inneres Gefühl, die moralische Instanz, die dein Gewissen und dein Urteilsvermögen lenkt, wurde als inkompetent abgewertet: die „Unvollkommenheit" und die „Erbsünde" würden es dir unmöglich machen, selbst zu unterscheiden, was „Gut und Böse" ist. Mehr noch: Dein Wert vor Gott ist nur garantiert, wenn du ihm gemäß der Lehre der Gemeinschaft „dienst". Das bedeutet im Klartext nichts anderes, als dass nur der Mensch wirklich lebenswert ist, der der Gemeinschaft angehört. Auch wenn dies in einer solchen Deutlichkeit heute nur noch selten zu hören oder zu lesen ist, ist eine solche Aberkennung des Existenzrechts Kulten immanent. Der Mensch außerhalb der Gemeinschaft besitzt nicht die Anerkennung Gottes, nicht die Wahrheit oder befindet sich nicht auf dem richtigen Weg, im schlimmsten Falle drohen ihm Vernichtung oder eine posthume Strafe. Die grausigsten Auswüchse einer solchen Aberkennung der Würde finden sich in totalitären Gebilden wie dem 3. Reich: Da gab es Begriffe wie „lebensunwertes Leben", „Untermenschen" und ähnliche Entwertungen menschlicher Vielfalt. Auch wenn die gelebte Praxis vielleicht in Kulten weniger drastisch aussieht, so ist doch der Grundgedanke dahinter dersel-

<DAS VIER- SCHRITTE PROGRAMM ZUR INNEREN FREIHEIT>

be: Der Ausschließlichkeitscharakter *schließt aus*, er entwürdigt die Andersdenkenden.

Gandhis Worte stellen die Verantwortung des Einzelnen in den Vordergrund, und genau diese hast du übernommen oder beginnst damit zumindest. Die Lehren, welchen du geglaubt hast, sind offenbar nicht alle „höheren" oder göttlichen Ursprungs. Werde dir darüber im Klaren, dass das Hinterfragen dieser Lehren nicht gleichbedeutend damit ist, Gott zu verraten. Es ist auch kein Zeichen von mangelndem Vertrauen gegenüber Gott, dass du Zweifel an denen hast, die sich als seine einzig wahren Diener bezeichnen.

Es ist dieser Geist, der das Göttliche widerspiegelt: die schöpferische Neugier, die Dinge Infrage stellen zu können, *Nein* sagen zu können, zu eigenen Schlüssen kommen zu können und neue, kreative Gedanken zu denken.

Was bedingt denn tatsächlich deinen Wert als Mensch? Was macht dich in deiner Einzigartigkeit aus? Welche guten Eigenschaften sehen andere in dir?

Im Grundgesetz der Bundesrepublik Deutschland steht die Würde des Menschen ganz oben, nämlich im 1. Artikel:

> *Die Würde des Menschen ist unantastbar. Sie zu achten und zu schützen ist Verpflichtung aller staatlichen Gewalt.*

Hintergrund dieses Gesetzes ist unter anderem die Erfahrung, die Deutschland in der Zeit des Nationalsozialismus gemacht hat. Alles, was den Menschen entwürdigt, ihn abwertet, ihn ungleich oder zum Objekt macht, ist mit der Menschenwürde nicht vereinbar. Jeder Mensch hat demnach *bedingungslosen* Anspruch auf diese Würde kraft seines *Menschseins*. Dieses Menschenbild wiederum hat seinen Ursprung zunächst im christlichen Wertesystem, welches wiederum seine Wurzeln im jüdisch- hebräischen Glauben hat. Die Schöpfung des Menschen geschieht in *seinem Bilde*:

<DAS VIER- SCHRITTE PROGRAMM ZUR INNEREN FREIHEIT>

Dies ist das Buch von Adams Geschlecht. Als Gott den Menschen schuf, machte er ihn nach dem Bilde Gottes. (Gen. 5,1, EÜ)

Das ändert sich auch zu christlicher Zeit nicht. Bei Paulus lesen wir:

Wir alle spiegeln mit enthülltem Angesicht die Herrlichkeit des Herrn wider und werden so in sein eigenes Bild verwandelt, von Herrlichkeit zu Herrlichkeit, durch den Geist des Herrn. (2. Kor. 3,18, EÜ)

Auch wenn es untereinander stark abweichende Ansichten der Ebenbildlichkeit des Menschen zu Gott innerhalb der christlichen Epochen und Strömungen gibt, beruht doch unser heutiges Rechtsverständnis auf den genannten Grundlagen. Da es schwer ist, „Menschenwürde" zu definieren und ihre Bedingungen festzulegen, müssen konkrete Inhalte formuliert werden. Es ist interessant, sich diese einmal genau anzusehen und mit dem abzugleichen, was man bisher gewohnt war, in diesem Zusammenhang zu denken.

Schauen wir uns Artikel 1 des deutschen Grundgesetztes einmal genauer an. Achtung und Schutz der Menschenwürde zielen hier auf die freie Entfaltung der Persönlichkeit durch folgende drei Grundwerte:

- Freiheit
- Gleichheit und
- Brüderlichkeit.

Daraus ergeben sich folgende Ableitungen:

1. Leben und körperliche Integrität:

— Recht auf Leben und körperliche Unversehrtheit

— *Allgemeine Handlungsfreiheit*

— Verbot der Folter und *der Kindesmisshandlung* sowie das Recht auf gewaltfreie Erziehung

2. Freiheit:

— Recht auf Selbstbestimmung

— Freiheit der Person

— Vertragsfreiheit

— Glaubensfreiheit, Gewissensfreiheit, Bekenntnisfreiheit

— Meinungsfreiheit, Informationsfreiheit, Pressefreiheit

— Freiheit von Kunst und Wissenschaft

— Ehe und Familie

— Versammlungsfreiheit

— Vereinigungsfreiheit, Koalitionsfreiheit

— Freizügigkeit (das Recht, frei zu Reisen)

— Berufsfreiheit, Verbot der Zwangsarbeit

— Recht auf Eigentum, Erbrecht

— Allgemein: Schutz vor Eingriffen des Staates in die Privatsphäre:

— Brief-, Post- und Fernmeldegeheimnis

— Unverletzlichkeit der Wohnung

— Gleichheit:

— Gleichheit vor dem Gesetz

<DAS VIER- SCHRITTE PROGRAMM ZUR INNEREN FREIHEIT>

– Gleichberechtigung von Mann und Frau

– Diskriminierungsverbote aufgrund von Geschlecht, Rasse oder Religion

– Gleichheit in Bezug auf soziale Rechte sowie des Individuums oder sozialer Gruppen

– Brüderlichkeit:

– Erhaltung der natürlichen Ressourcen – Natur- und Umweltschutz

– Verbot von rassistischer oder religiöser Hetze. (Kursivschrift von mir)

Wir können hier einen hohen Anspruch individueller Freiheit erkennen. Auch wenn die Realität dennoch oft anders aussieht, so ist doch zumindest das Recht auf diese Freiheit und speziell der Würde verbürgt. Im Kult hast du gelernt, dich als klein, unwert und abhängig wahrzunehmen. Tatsächlich lebt eine starke Gesellschaft aber von Menschen, die sich ihrer Würde bewusst sind und diese auch einfordern.

Als du noch in der Gemeinschaft warst, gehörten wahrscheinlich Praktiken zu deinem Leben, die du manchmal als entwürdigend empfunden hast. Mache dir das bewusst. Setzte dich mit den Gefühlen, die damit verbunden waren, auseinander. Erkenne einerseits deine Stärke dahinter, aber spüre auch die Freiheit von diesen Verpflichtungen, die du jetzt hast. Lasse dich nicht wieder in Verpflichtungen oder „Notwendigkeiten" einbinden, die dir die Würde nehmen.

6.3 Schritt drei: Baue dir deinen eigenen Werte- Kodex

Alles ist mir erlaubt – aber nicht alles nützt mir. Alles ist mir erlaubt, aber nichts soll Macht haben über mich.

<DAS VIER- SCHRITTE PROGRAMM ZUR INNEREN FREIHEIT>

Apostel Paulus, 1.Korinther 6,12

Jedes gesellschaftliche Wertesystem dient dazu, ein Zusammenleben unter Menschen zu vereinfachen. Das geschieht in erster Linie durch Vereinheitlichung. Werte und Normen sind aber keine Naturkonstante: der Zeitgeist bestimmt und verändert sie. Bei Kulten ist das ein wenig anders. Veränderung, die durch einen natürlichen sozialen Prozess geschieht, ist nicht gewünscht. Dadurch wird ein Kult zu dem starren Gebilde, welches Dogmen benötigt. Das natürlich ist für manche Menschen halt- und sinngebend. Es ist überdies – zumindest eine Zeitlang – bequem, weil es den Einzelnen der Verantwortung enthebt, einen eigenen Wertemaßstab heranzubilden. Genau ein solcher aber ist es, der eine Bedingung für eine gesunde Gesellschaft ist. Eine Gesellschaft, die sich aus verantwortungsvollen Individuen zusammensetzt, wäre weitestgehend immun gegen Indoktrination aller Art, gegen Instrumentalisierung durch Eliten oder Konglomerate jeder Art.

Wohlgemerkt: Dazu bedarf es in keiner Weise einer Religion! Auch eine glaubensferne Weltanschauung kann einen sehr hohen, humanen und moralischen Kodex haben und leben. Und das gilt es, herauszufinden. Es geht darum, weder das Kind mit dem Bade auszuschütten, also sämtliche Limitationen und Überzeugungen fallen zu lassen, noch darum, vom Regen in die Traufe zu kommen, sich also der nächsten, vielleicht liberaleren Gemeinschaft anzuschließen um dort in die nächste Abhängigkeit zu kommen.

Eine praktische Möglichkeit, sich mit seinem eigenen, tatsächlichen wirkenden Wertekatalog auseinander zu setzen wäre, diese erst mal in Worte zu fassen. Eine Art Bestandsaufnahme sozusagen. Am besten, du schreibst dir die Begriffe auf kleine Zettel oder Karteikärtchen.

Ich gebe ein paar Vorlagen:

Gehorsam, Loyalität, Mut, Familie, Toleranz, Aktivität, Gottergebenheit, Ernsthaftigkeit, Demut, Kultur, Courage, Freunde, Un-

<DAS VIER- SCHRITTE PROGRAMM ZUR INNEREN FREIHEIT>

terwürfigkeit, Bildung, Bescheidenheit, Eifer, Zurückhaltung, Neugier, Keuschheit, Fleiß, Lernen, Ehre, Ehrlichkeit, Talente kultivieren, Festigkeit, Reue, Weiterentwicklung, Engagement, Spiritualität, Selbstbewusstsein, Offenheit.

Nun müssen die Kärtchen in drei Kategorien eingeteilt werden.

Kategorie 1: alte Wertewelt -   ist nicht mehr

Kategorie 2: aktuelle Wertewelt - ist jetzt

Kategorie 3: neue Wertewelt -   noch nicht

Vieles ist eindeutig, bei anderen Dingen muss man genau hinsehen: Es besteht die Gefahr, einen Wert vorschnell zu entsorgen, den man eigentlich behalten würde. Stelle dir immer die Frage: „wer möchte das gerade? Ist es mein authentisches Ich? Oder ist es die Kultpersönlichkeit? Nicht alles, was im Kult als Wert galt, ist „schlecht", ebenso wenig ist automatisch alles, was mich im neuen Leben fasziniert „gut" für mich.

Mit der Zeit und deinem geschärften Blick werden immer neue Werte dazukommen, die genauso geprüft werden wollen. Darüber hinaus werden sich die Bedeutungen der Begriffe für dich ändern; das ist ein gutes Zeichen, denn es zeigt, dass dein Geist „biegsamer" geworden ist, er ist flexibel geworden und räumt neue Erfahrungen nicht automatisch in fertige Schubladen.

Natürlich kannst und solltest du einen lebendigen Glauben haben! Entwickle diesen! Probiere dich aus! Dass du die Gemeinschaft hinter dir gelassen hast, bedeutet nicht, dass du Gott oder den Glauben hinter dir gelassen hast. Stelle fest, ob und in welchem Maße Glauben und Religion zu deinen aktuellen und werdenden Werten gehören. Dann erkunde die Form, die dieser Glaube haben soll. Du wirst feststellen, dass das ein spannender und erfüllender Prozess sein kann.

<DAS VIER- SCHRITTE PROGRAMM ZUR INNEREN FREIHEIT>

6.4   Schritt vier: Feiere deine Freiheit!

Die Freiheit des Menschen liegt nicht darin, dass er tun kann, was er will, sondern, dass er nicht tun muss, was er nicht will.

Jean-Jacques Rousseau

Es findet sich immer wieder der scheinbar überraschende Umstand, dass Menschen in Systemen verharren, die ihnen nicht gut tun. Das kann eine Arbeitsstelle ebenso betreffen wie eine Ehe. Frei nach dem Motto „lieber den Spatz in der Hand als die Taube auf dem Dach" scheint der leitende Gedanke zu lauten: „Was ich habe, habe ich". Dabei wird in Kauf genommen, dass damit das mögliche Glück im Leben reduziert ist. Insgeheim misstraut man damit dem Leben an sich; es fehlt der Glaube an die eigene Fähigkeit, wirkliche Freude und sogar tieferes Glück erreichen zu können. Zu oft und zu lange hat man gelernt, dass so etwas nicht außerhalb der Gemeinschaft zu finden ist.

Allerdings hast du dir nun selbst vielleicht schon jetzt das Gegenteil bewiesen! Nun darfst du dich weiter ins Leben vorwagen. Erfüllung, Glück, Hobbys oder einfaches Nichtstun: Das darf JETZT sein.

Wenn du dabei deinem schlechten Gewissen begegnest, dann ist das ein Hinweis darauf, dass du noch im Griff alter Denkmuster steckst. Dieses schlechte Gewissen kann auch maskiert auftreten: *Das* könnte man noch machen und *jenes* tun, die Zeit nutzen, was „sinnvolles" machen, „endlich" mal anfangen mit diesem oder jenem, mich Ablenken, Party machen... All diese rastlosen inneren Antreiber sind es, die die Ruhe unmöglich machen, die du vielleicht jetzt gerade brauchst, um dir über dich selbst und deine wirklichen Ziele klar zu werden.

Das Leben findet JETZT, in der Gegenwart statt. Die Vorstellung, ein „wirklich" lebenswertes Leben erst in der Zukunft führen

<DAS VIER- SCHRITTE PROGRAMM ZUR INNEREN FREIHEIT>

zu können, kann die Gegenwart nur abwerten; sie kann nur ein Abklatsch dessen sein, was tatsächlich möglich ist.

Auch die Trauer, die eventuell noch da ist, braucht Raum. Der Abschied von der Glaubensgemeinschaft ist eine Wunde, ähnlich einem Knochenbruch. Das stützende Gerüst trägt nicht mehr. Mit einer Verletzung lässt es sich schlecht tanzen. Nicht, dass es jetzt falsch wäre, tanzen zu gehen! Nein, die Gefahr besteht in einem Aktionismus, der betäubt und die Heilung verlangsamt. Im schlimmsten Falle wächst der Bruch krumm zusammen. Statt wacher zu werden, würdest du noch mehr als im Kult über deine Gefühle hinweggehen, sie nicht ganz wahrnehmen und zulassen. Deine Freiheit zu feiern bedeutet nämlich auch, dir der Leere ganz bewusst zu werden, die sich in dir ausbreiten möchte. Später kann sich dieser Raum füllen.

Die Gefahr liegt darin, durch Ablenkung und Aktionismus sowie die Vorstellung, alles sei in Ordnung, nur weil es jetzt „erlaubt" ist, dich von dir selbst zu entfernen. Deshalb solltest du immer genau hinsehen: ist das, was ich tue oder vorhabe, durch Achtung mir selbst und anderen gegenüber geprägt? Ist das, was mich anzieht, ein wirklicher *Bedarf* oder lediglich ein Relikt von früher, gespeist von der Vorstellung, etwas verpasst zu haben?

Du hast vermutlich auch nichts verpasst. Vielleicht hat dich die Zeit im Kult sogar vor sehr unangenehmen oder oberflächlichen Erfahrungen bewahrt. In jedem Falle aber besitzt du jetzt die nötige Reife und innere Stärke, die Dinge besser durchschauen zu können, ihren oft illusionären Charakter zu erkennen und dir selber nicht „auf den Leim zu gehen". Es gilt auch in der Freiheit, permanent die Streu vom Weizen zu trennen; das betrifft die Unterhaltung, die Lebensgestaltung im Allgemeinen, die Gewichtung der verschiedenen Interessen und der Umgang mit Freunden und Familie.

Genieße das Gefühl, dass eine Last von dir abgefallen ist. Die viele Zeit, die du jetzt vielleicht hast, muss nicht mit vermeintlich

<DAS VIER- SCHRITTE PROGRAMM ZUR INNEREN FREIHEIT>

sinnvollem gefüllt werden. Sie muss auch nicht „totgeschlagen"
werden. Was jetzt wichtig ist, dass du ein klares „Ja" zum Leben
sagst und dabei erkennen lernst, dass alles Gute bereits da ist und
wartet, entdeckt zu werden. Dabei werden die alten Denkgewohnheiten sichtbar, die nach gründlicher Prüfung meist reif für den
Müll sind: ist das Leben wirklich ein Kampf? Oder fließt es leicht
wie ein Bach daher, voller Schönheit, manchmal voller Melancholie
aber meistens voller Freude? Oder muss ich wirklich an mir „arbeiten", um mich als wertvoll oder lebens- und liebenswert zu erleben? Oder ist es nicht so, dass alle guten Eigenschaften bereits in
mir vorhanden sind und ich voller Liebe bin? Was ist mit meiner
Genussfähigkeit? Wie viel davon habe ich unterdrückt, als ich im
Kult war? Wenn du feststellst, dass es leicht und schön ist, deine
Genussfähigkeit zu erleben, wenn du damit achtsam und respekt-
voll umgehst, dass du niemandem schadest, sondern dann ein
Multiplikator der Lebensfreude bist, gewinnst du Vertrauen in das
Leben, dass sich dir auf einmal jeden Tag neu zeigt.

Du bist als Mensch bereits vollständig. Deine Eigenschaften, Talente, Erfahrungen, dein Wissen und Können und vor allem dein
So-Sein machen dich zu einem vollständig liebenswerten und
wertvollen Menschen. Du benötigst keine Krücke mehr, um dich
wertvoll zu fühlen, keine Erlösung, um frei zu sein. Du wirst zum
Urheber deiner Wirklichkeit und beginnst, echte Verantwortung zu
tragen. Dazu musst du auch nichts Außergewöhnliches leisten!

Du bist auch im Denken frei geworden. Es gibt keine Tabus
mehr, keine „verbotene" Literatur und keine „falschen" Ansichten
mehr. Diese Freiheit ist die Größte, denn sie erlaubt dir, dein Leben
an deiner eigenen und damit authentischen Erfahrung entlang zu
gestalten. Du lernst, geistig autonom zu werden, indem du eine
eigene Meinung bildest, die nicht dem Konsens entspricht, die du
aber auch nicht predigen musst.

<DAS VIER-SCHRITTE PROGRAMM ZUR INNEREN FREIHEIT>

Du darfst die Schönheit eines sakralen Bauwerks genießen, ohne es mit der „falschen Religion" in Verbindung zu bringen. Du darfst dich in anderen Glaubenssystemen umsehen, kannst Spekulationen anstellen oder einfach gar nichts glauben. Du kannst die Auseinandersetzung mit diesen Themen verschieben oder ganz lassen (was ich allerdings nicht empfehle). Du kannst deiner eigenen sexuellen Identität nachspüren, deine beruflichen Perspektiven überdenken, du kannst dich deinen Hobbys widmen und ganz darin aufgehen.

Entwickle ein Gespür dafür, was dir gut tut. Nur wenn du selbst zufrieden bist, kannst du für andere eine wirkliche Bereicherung sein. Das braucht, wie gesagt, Zeit für dich selbst, Zeiten mit viel Ruhe.

<HINTERFRAGEN LEICHT GEMACHT>

7 Hinterfragen leicht gemacht

Im Folgenden möchte ich ein wenig auf die Zusammenhänge aufmerksam machen, die die Abhängigkeit zum Kult möglich gemacht haben. Ohne unsere tiefsten Sehnsüchte könnte kein Kult existieren, denn diese bedient er auf vielschichtige Weise. Die großen Sinnfragen wie „Woher kommt das Böse?", „Wie kann ich glücklich werden?" und „Was ist der Sinn meiner Existenz?" sind der innere Motor, der den Menschen antreibt. Natürlich möchte nicht jeder, der einen Kult hinter sich lässt, allen Wirkkräften und Mechanismen auf den Grund gehen. Wenn du allerdings wirklich von der Fremdbestimmung und Abhängigkeit der Glaubensgemeinschaft frei werden möchtest, solltest du dir diese Fragen neu stellen; natürlich ist ein Perspektivenwechsel erlaubt und wünschenswert! Diese Arbeit dient letztlich auch dazu, nicht aufs Neue dem Selbstbetrug oder sogar einer Manipulation zu erliegen.

7.1 Liebe ist...

Die Liebe versagt nie

1. Korinther 13,8,

Der Begriff der Liebe ist im normalen Sprachgebrauch schon sehr unspezifisch. Jeder Mensch hat im Prinzip eine eigene Vorstellung von Liebe. Kaum ein anderer Begriff ist so weitläufig, überstrapaziert oder wurde sogar pervertiert. Letzteres geschieht ohne Ausnahme in Kulten. Der Kult erlaubt sich das dem Individuum innewohnende Gefühl eine eigene, spezielle Vorstellung davon, wie Liebe sein darf oder sein sollte, überzustülpen. Dabei wird gerne übersehen, dass Liebe ihren Ursprung im Menschen selbst hat, nicht in von ihm geschaffenen Systemen. Liebe ist die zentrale Triebkraft im Menschen: Sie motiviert alles Echte, alles Schöpferische. Alles, was einen Menschen wirklich antreibt und mit dem Leben verbindet, gründet sich auf dieser Kraft. Denn Liebe ist nicht

<HINTERFRAGEN LEICHT GEMACHT>

lediglich ein Gefühl; es ist eine Kraft, die einfach da ist. Sie ist allen Menschen gemein. Die Liebe bedarf keiner Furcht- auch keiner Furcht vor Abweichlern. Die Liebe hat die Fähigkeit, zuzulassen, was IST; sie verzichtet auf den Zwang, die Dinge ändern zu müssen, denn Zwang ist eine Form von Gewalt. Gewalt *muss* der Liebe wesensfremd sein. Die Liebe benötigt auch kein „Recht", denn sie lässt das „Andere" zu und ermöglicht alleine dadurch ein friedliches Miteinander zum Wachsen und Lernen. Deshalb muss sie auch nichts durchsetzen, weil sie damit der jeweils anderen Überzeugung Gewalt antun würde. Doch warum sollte die „andere" Überzeugung schlechter sein als die eigene? Damit würde die eigene Position überhöht; genau das verursacht Leid. Die Liebe verurteilt nicht, denn sie weiß, dass es Gründe gibt. Alle Gründe *sind da* und haben damit eine ontologische, natürliche Existenzberechtigung. Sie existieren aus dem Bedarf einer bestimmten Erfahrungsqualität, die nicht anders herzustellen ist. Die Liebe schafft die Brücke, indem sie solche Zustände erträgt und nicht mit einem neuen Konzept aufwartet, welches sie als heilsbringend, besser oder erlösend – als notwendig – hinstellt. Liebe verursacht Frieden, nicht Trennung oder Spaltung.

In den biblisch/ christlich orientierten Glaubensgemeinschaften wird oft das alttestamentarische Gottesbild vermittelt, was aber ambivalent ist: Zum einen ist da der liebevolle Vatergott und die Menschen als seine Kinder, auf der anderen Seite ist dieser Gott strafend und rachefordernd. Dabei wird häufig übersehen, wie sich das Gottesbild im Laufe der Niederschrift der Bibel andauernd geändert und modifiziert hat. Das zu erkennen ist wichtig, weil sich mit dieser Änderung der Begriff der Liebe, welcher sich daran orientiert, in seiner Definition geändert hat.

Unberührt davon bleibt der zentrale Vergleich der Bibel Gottes mit einem Vater. Frage dich: Würde ein wirklich „guter" Vater seine Kinder nur dann lieben, wenn sie genau den Vorstellungen folgen würden, die *er* von ihrer Berufswahl, Partnerwahl und über-

<HINTERFRAGEN LEICHT GEMACHT>

haupt ihrer gesamten Lebensweise hat? Wenn du selbst Kinder hast, ist deine Reaktion vermutlich ein spontanes „natürlich nicht"! Zu recht! Allerdings ist es genau dieses Gottesbild, welches im Kult gepredigt wird. Es ist das Bild eines Gottes, dessen Liebe so klein ist, dass er seine eigene Schöpfung, ja seine eigenen Kinder *vernichten* muss. Es ist ein Gott, dessen „Liebe" ständig den Tod erfordert: den Tod von Opfern, den Tod seines geliebten Sohnes Jesus, den Tod Millionen unschuldiger Menschen, den Tod unzähliger Geistgeschöpfe. Und wieso? Weil sie eine Wahl getroffen haben, die er ihnen selbst indirekt anheimgestellt hat! Dabei sei noch zu bemerken, dass die Menschen zu keiner Zeit wirklich eine Wahl hatten; sie lebten in der Welt, die ihr Denken und ihren Glauben formte. Wahlfreiheit bedeutet, wirklich informiert zu sein. Es bedeutet auch, dass die Optionen nicht im Voraus als „gut" oder „schlecht" feststehen. Wenn dies so wäre, und die meisten sich für das „Schlechte" entscheiden würden, bedeutete dies einen radikalen „Konstruktionsfehler" Gottes bei der Erschaffung des Menschen.

Das Bild des Urhebers der Liebe, wie wir sie erkennen und leben können, kann so nicht stimmen. Liebe und Akzeptanz, Toleranz und Offenheit, Kooperation und Wahrhaftigkeit dürfen nicht da enden, wo Glaubensdogmen beginnen.

Auch die Glaubensgemeinschaften, die nicht dem christlichen Sektor zuzurechnen sind, haben den Begriff der Liebe für sich manipuliert. Liebe bedeutet im Kult immer auch Treue zur Doktrin. Liebe bedeutet hier Selbstverleugnung nicht im Sinne echter Selbstlosigkeit (Altruismus), sondern die Reduzierung meiner Person. Damit verrate ich nicht nur mich selbst, sondern die Liebe: Ich verliere den Blick für alles Förderliche, dafür, was mein „Nächster" jetzt gerade von mir braucht, denn ich bemesse alles an der menschengemachten, reduzierten und machtorientierten Norm des Kultes. Deshalb stehe ich nicht mehr in wirklicher, unmittelbarer Beziehung zu den Menschen, die mich umgeben. Ich bin gezwungen, meine eigene, reine Wahrnehmung dem anzupassen, was ich

<Hinterfragen leicht gemacht>

im Kult gelernt habe. Das Ergebnis wird dann traurigerweise „Liebe" genannt.

Davon ist nichts ausgenommen: „Darf" ich den Einsatz humanitärer Hilfe schätzen oder gar unterstützen, wenn er von der „falschen" Seite erfolgt, z.B. den etablierten Kirchen? Darf ich mit einem Menschen befreundet sein, der homosexuell ist? Darf ich mich lokalpolitisch einsetzen, wenn das meiner Ansicht nach dem Wohl in meinem Ort dient? Darf ich aktiven Tierschutz betreiben?

Eifersucht, Wut und Angst entstehen zu allererst aus einer fehlgeleiteten Vorstellung von Liebe. Wie darf Liebe sein? Wo endet sie? Tatsächlich endet nicht die Liebe, sondern meist nur meine persönliche Fähigkeit, zuzulassen, was *ist*. Ich möchte eine Regel, eine Norm, die mir eine verbindliche Grenze aufzeigt und damit Halt gibt. Die Grenze hält meine Angst und Unsicherheit draußen. Sie schützt vor unangenehmen Überraschungen. Aber sie begrenzt auch meine Erfahrung! Die *Norm*, also die Regel, negiert die Tatsache, dass Dinge einfach *da* sind, auch wenn sie nicht in mein Konzept von Richtig und Falsch passen. Aber sie sind da! Tatsächlich fehlt mir nur die Fähigkeit, mit ihnen richtig umzugehen. Es ist die Enge im Kopf, die ein enges Bild von Liebe erzeugt.

Darüber hinaus liebt es der Mensch, Ideen zu folgen. Ideen vermitteln das Gefühl, dass eine bessere Welt möglich ist, dass das eigene Leben ein Ziel hat und dass man nicht zur gesichtslosen Masse der Menschheit gehört, die in der Geschichte verschwindet. Ideen speisen sich aus Utopien. Die Utopie ist eine Triebkraft menschlichen Handelns, ihr Boden ist der Wunsch nach einer besseren Welt. Dabei wird ein besseres Leben in eine unspezifische Zukunft verlegt. Das versprochene Paradies: Glück und „echte" Liebe sind erst dann vollständig möglich, so die Botschaft. Damit wird das gegenwärtige Leben dauernd abgewertet, dem Wert der Gegenwart eine Absage erteilt.

<HINTERFRAGEN LEICHT GEMACHT>

Die Liebe kommt aus der Mitte des Menschseins und immer aus der Gegenwart; sie wird mehr, wenn sie gedeihen darf. Lieben Eltern ihr erstes Kind weniger, wenn ein zweites folgt? Müssen sie nun die Liebe *teilen*?

Wir folgen seit Jahrtausenden als Menschheit dem Prinzip der Leidvermeidung. Wir sind überzeugt, Leid ist die Seite des Lebens, die es nicht geben sollte. Damit produzieren wir es. Statt es als Teil des Spektrums des Lebens zu integrieren, erschaffen wir es. Wir bekämpfen alles, was nicht „richtig" ist, was „anders" sein sollte: Politik gegen Religion, Religion gegen Religion, Tierschützer gegen Fleischlobbyisten, Systemgegner gegen Konzerne, Umweltschützer gegen Industrie, Kapitalisten gegen Sozialisten - alle sind verstrickt in ein riesiges Gegeneinander. Dabei ist die Direktive der Liebe ganz einfach: *Tue nur das Förderliche!*

Das Streben nach Leidvermeidung führt zu noch mehr Leid. Keine Friedenstruppe der Welt hat jemals Frieden erzeugt. Nicht das Vermeiden, sondern das grundsätzliche Unmöglich- machen von Krieg auf der untersten Stufe, der des Zwischenmenschlichen, durch eine innere Haltung erzeugt Frieden. Die Vorstellung, der universelle Schöpfer würde den allergrößten Teil seiner Schöpfung vernichten, um Leid zu vermeiden, ist der vielleicht abstruseste Auswuchs des Strebens nach Leidvermeidung. Diese Vorstellung ist infantil: wie ein kleines Kind, welches von anderen gehänselt wird behauptet, sein Papa sei der Stärkste und würde es allen anderen schon zeigen, ist das Kultmitglied davon überzeugt, die Liebe seines Gottes würde sich letztendlich nur auf ihn bzw. seine Gemeinschaft beschränken.

Leid ist aber fast immer persönlich. Es ist das Ergebnis *meiner* Gedanken: Es ist meine persönliche Kombination von Umständen im Außen mit meinen Emotionen. Erst in dieser Kombination entsteht Leid; in der Natur gibt es kein Leid. Es gibt nur Umstände. Die Liebe ist in der Lage, beides zu trennen und bewusst zuzulas-

<HINTERFRAGEN LEICHT GEMACHT>

sen, was ist. Das heißt nicht, fatalistisch alle leidvollen Umstände in der Welt resigniert hinzunehmen oder schwere Schicksalsschläge als gottgegeben darzustellen. Aber eine solche Haltung hilft mir, innerlich eine gesunde Distanz zum Geschehen zu bewahren, mich besser zu reflektieren und mit Schuldzuweisungen zurückhaltend zu sein. Wir sind in eine Unausweichlichkeit hineingeboren worden – das Leben selbst und der damit verbundene Tod. Dadurch, dass wir uns an dieser Unausweichlichkeit reiben, entsteht das Leid. Keine noch so große Anstrengung kann unserem Dasein einen größeren Wert verleihen, als es bereits hat. Aus diesem Versuch entsteht Machtgier: Alle auf Macht ausgerichtete Anstrengungen entstammen der Angst, unbedeutend zu sein.

Wenn ich mich als integralen Teil des Ganzen begreife, bin ich bestrebt, alles zu *schützen*. Ich kann dann nicht anders. Genau das tut die Liebe. Sie erzeugt eine Wahrhaftigkeit, die Täuschung nicht erträgt. Sie verhindert, dass ich mich größer mache als meinen Mitmenschen und ihn dominiere. Sie verhindert, dass ich ihn oktroyiere, was ich für ihn für das Beste halte. Damit schaffe ich ihm Raum. Er wird seinerseits nicht das Bedürfnis verspüren, mich dominieren zu müssen. Der Mensch schützt sich gegenseitig durch bedingungslose Liebe.

Echte Liebe kann nichts anderes als Frieden erzeugen, auch wenn auf dem Weg dorthin Altes gehen muss. Auch das kann die Liebe zulassen: Die Veränderung, die für einen neuen Frieden notwendig ist.

Es ist noch nicht einmal der „Egoismus", der der Liebe im Weg steht. Egoismus ist nicht der Gegenspieler der Liebe, sondern eine selbsterhaltende Funktion, die die Integrität des Ichs schützt. Er ist eine Reaktion auf den Mangel an Liebe. Der Gegenspieler der Liebe ist die Angst. Dem Egoismus liegt Angst zugrunde: es ist eine Angst, nicht genug von dem zu bekommen, was man braucht und wünscht. Diese Angst möchte kanalisiert werden und findet Aus-

<HINTERFRAGEN LEICHT GEMACHT>

druck in krankhaftem Egoismus. Diese Angst erzeugt Besitzdenken, denn sie glaubt Mangel zu erleiden und kann deshalb weder weggeben, noch gehen lassen.

Herrscht Vertrauen, hat Angst keine Chance. Der Mangel an Vertrauen in sich, in die Mitmenschen und in das Leben als Ganzes erzeugt einen Nährboden für starre Systeme mit klar formulierten Lösungen: Eben für Kulte und fundamentalistische Bewegungen aller Art. In solchen Systemen ist es nicht nötig, sich fallen lassen zu müssen. Man braucht kein Vertrauen, in welchem auch Widersprüche existieren können, sondern nur ein sehr begrenztes Vertrauen in die Vorgaben und Erklärungen des Kultes, kein Vertrauen in sich selbst, in die Stärke des Lebens und den guten Ausgang an sich – die Unwägbarkeit wird abgeschafft, allerdings auf Kosten einer umfassenden, erwachsenen Liebe.

Es ist ein Gesetz: Ich ernte, was ich säe. Und ich empfange nur in dem Maße, welches ich mir selbst zugestehe. Mangel ist menschengemacht. Der Natur ist der Überfluss zu Eigen. Der Mangel ist die äußere Manifestation einer inneren Haltung, die Summe meiner verinnerlichten Glaubenssätze. Vertrauen hilft dabei, nicht für alles immer eine Erklärung parat haben zu müssen. Es hilft zu akzeptieren, dass nicht alles zu verstehen ist, dass das Gute und Wünschenswerte scheinbar nicht immer obsiegt. In diesem Zuge ist es vielleicht sinnvoll, sich über das Gedanken zu machen, was wir unter dem „Bösen" verstehen.

<Hinterfragen leicht gemacht>

7.2 „Aber das Böse in der Welt..."

*Was aus Liebe getan wird, geschieht immer jenseits von Gut
und Böse.*

Friedrich Nietzsche

Ohne die Existenz eines Phänomens, welches wir das „Böse"
nennen, könnte kein Kult existieren. Im Laufe der Geschichte hat
sich das Bild dessen, was man als böse bezeichnet hat, immer gewandelt. Es ist im Großen und Ganzen vom Zeitgeist, von der Kultur und vom religiösen Selbstverständnis abhängig, was eine Kultur unter dem Bösen versteht. Die Menschen identifizieren sich
meist automatisch mit dem Wertesystem, in welches sie hineingeboren werden; das betrifft auch totalitäre Systeme. Das erscheint
bei genauerem Hinsehen befremdlich, weil wir intuitiv glauben
wollen, dass es so etwas wie ein dem Menschen innewohnendes
Prinzip gibt, welches in der Lage ist, das Böse zu identifizieren,
einen Kompass, der Richtung „Gut" zeigt. Jeder Mensch weiß
doch, dass es verkehrt ist, zu töten! Die Menschen, die unter Hitlers
Regime lebten, sahen sich selbst als diejenige Rasse, welche als Ari-
sche alle anderen zu dominieren hatte. Und nach ausreichend Indoktrination, also Propaganda, schrie eine gewaltige Menge ein
gewaltiges „Ja!" zum totalen Krieg. Töten war jetzt nicht mehr böse. Hatte das „automatische Wertesystem", der „Kompass" versagt? Nein; Böses war lediglich zu „Gutem" umgedeutet worden.

Dieses vielleicht drastische Beispiel lässt sich hundertfach ver-
vielfältigen – bis in die Gegenwart. Die Regierung der BRD sieht
sich beispielsweise genötigt, Waffen in gewisse Krisengebiete zu
schicken, um den „Frieden zu sichern". Auch hier findet eine Umdeutung statt, die glaubt, das „Böse" definieren zu können.

Moral entstand noch nie aus einem Rudel heraus, aus dem
Schwarm, dem Kollektiv, sondern nur aus der reflektierten Courage des Einzelnen.

Ich möchte an dieser Stelle zu einer kleinen philosophischen Auseinandersetzung mit der Frage „Was ist das Böse?" anregen. Du hast im Kult gelernt, dass das Böse ist, *was die Glaubensgemeinschaft als Böse bezeichnet*. Doch damit manövrierst du dich in eine schwierige Position: Die bedingt, dass Gott nach seinem eigenen Lösungsmodell unmoralisch handeln muss. Er *muss* töten. Er *muss* verbieten (Gebote sind übrigens umgekehrte *Verb*ote). Er *muss* unterdrücken. Anders ist das „Gute" nicht aufrecht zu erhalten. Schließlich unterdrücken, verbieten und töten auch seine Anhänger in seinem Namen – indirekt oder tatsächlich.

Als Mitglied einer Glaubensgemeinschaft ist es nicht möglich, die Umwelt wertungsfrei zu sehen, denn alles, was nicht im Konsens mit der Glaubenslehre ist, ist „böse", weil „falsch". Dein Denken ist es gewohnt, ständig zu urteilen, meistens aber zu ver- urteilen. Falls du deine Glaubensgemeinschaft erst vor kurzer Zeit verlassen hast, beginnst du jetzt erst gerade eine Toleranz zu entwickeln, die nicht urteilt. Es ist sinnvoll, dich selbst genau zu beobachten: Wie oft fälle ich innerlich ein Urteil über mein Gegenüber oder seinen Ansichten? Erinnere dich dann daran: Jeder Mensch handelt in jedem Moment nach seiner inneren Überzeugung richtig. Er wird von seinem eigenen Empfinden gelenkt, welches in ihm eine untrügliche Wahrheit darstellt. Das ist Subjektivität, und das macht uns einzigartig. Das ist die Vielfalt, die Lernfelder erzeugt und das Leben an sich ausmacht.

Und von der Definition des „Bösen" ist es nicht weit zur Definition von „Gerechtigkeit": Es wird durch die Glaubensinstanz festgelegt, was sein *darf* und was nicht. Gerechtigkeit ist eine zutiefst menschliche und damit fragile und veränderbare Größe, die zudem nur sehr subjektiv ist. Und sie bedarf der *Macht*, um durchgesetzt werden zu können. Wo aber Macht gebraucht wird, gibt es immer auch Verlierer. Ein *universelles* Prinzip aber, in dem alles, was *ist*, Platz hat, kann per Definition keine Verlierer kennen und daher auch keine Verlierer „produzieren". Genau das aber ge-

<HINTERFRAGEN LEICHT GEMACHT>

schieht durch Glaubenskonzepte. Ihre „universelle Lösung" löst dieses Problem dadurch, dass sie die Vernichtung anderer Konzepte und das alleinige Überleben des eigenen postulieren. Dieter Duhm formuliert in seinem Buch *Terra Nova* die einfache Regel: „Ein humanes Ziel lässt sich nicht mit inhumanen Mitteln erreichen". Die Wahrheit hinter dieser Aussage ist unleugbar.

Gerne wird in religiösen Systemen die Ursache des Bösen in den geistigen Bereich verlegt. Der Teufel und seine Anhängerschaft als Gegenspieler Gottes sind in diesen Konzepten die Grundursache der Existenz des Bösen. Damit verlegt man sowohl Ursache als auch Verantwortung für das Böse in einen dem Menschen unzugänglichen Bereich. Unsere Existenz reduziert sich auf die einer Figur im von Gott begonnenen Spiel mit dem Teufel. Der Mensch wird bestenfalls zum Gehilfen der Interessen Gottes oder des Teufels. Damit ist der Mensch zu keiner Zeit frei gewesen. Er trägt die Folgen einer weitreichenden „Wette" zwischen Gott und seinem Gegenspieler. Nach diesem Verständnis sind Gott und der Teufel Personen im direkten Sinne. Ob dieses Erklärungsmodell weiterhin für dich passen soll, musst du natürlich auch entscheiden. Der Theologe Hans Küng schreibt: „Es ist nicht möglich, das kausale Netzwerk so aufzuknüpfen, dass man sagen kann, Gott tat dies, ein Mensch jenes und die Natur ein drittes. Der Glaube mag hier zwar unterscheiden können, aber keine Nachforschung kann Gottes Handeln demonstrieren". Ein Gott, der das Leid, wie es geschieht zulässt und dem Teufel auf Kosten der Menschen Paroli bieten muss, kann seiner Meinung nach nicht gedacht werden.

Möglicherweise ist das Böse die manifestierte Angst. Vielleicht hört es auf zu existieren, wenn es uns gelingt, die Angst vor unseren Projektionen, unseren Befürchtungen, aufzulösen; und auch das ist das Böse: Nämlich die Projektion dessen, was wir *nicht* wollen. Es ist wie bei Pippi Langstrumpf: Astrid Lindgren lässt in dieser Figur alles Mensch werden, was die etablierte, „normale" Welt nicht wünscht. Und tatsächlich sehen wir das Böse immer im Au-

<Hinterfragen leicht gemacht>

ßen und im Mangel: „Ich bin nicht genug"! Anstatt die Ursache für solch einen Glaubenssatz im Leistungsdruck unserer Gesellschaft zu suchen, ist es die sogenannte „Erbsünde", die dafür verantwortlich gemacht wird und uns zum Mangelwesen von Geburt an degradiert. Überall, wo wir etwas „Böses" erkennen, hat sich etwas Ausdruck verschafft, was wir nicht wollen. Betrachtet man aber den Einzelfall genau, löst sich das Böse auf; es hört auf zu existieren. Es wird erkennbar, dass auch der schlimmste Mörder in *seinem* Wertesystem *richtig* gehandelt hat. Bedingt durch eine komplexe Verkettung von Kausalitäten ist er zu dem geworden, was er werden musste. Und wieder: Die Bedingungen, die einen Menschen (oder eine Nation) zum Mörder werden lassen, sind nicht an sich Böse – es ist vielmehr ein Mangel an Liebe. Es fehlt der Boden, auf dem ein Mensch (oder das Bewusstsein einer Nation) gesund wachsen kann. Es ist die Angst, nicht genug zu haben, und aus dieser Angst heraus wird die Liebe vergessen, die mich meinen Nächsten beschützen lässt. Dann verschiebt sich der Fokus des Menschen: Er *erschafft das Böse*. Dann personifiziert er es. Anschließend erklärt er, wie es zu bekämpfen ist. Dabei merkt er nicht, dass er selbst die Hydra ist, der immer zwei Köpfe nachwachsen, wenn einer abgeschlagen wurde. Es gibt nichts im Außen zu bekämpfen, sondern nur in sich Selbst.

Das ist keine naive Vorstellung einer heilen Welt; zumindest ist sie nicht naiver als der Paradieswunsch gläubiger Anhänger mancher Kulte. Wir brauchen nur unseren anthropozentrischen Blick dem Rest der Schöpfung zuzuwenden. Tatsächlich ist der Großteil der Welt nicht- menschlich. Der Mensch sieht sich als „Krone der Schöpfung" und entsprechend wichtig nimmt er sich im großen kosmischen Spiel. Die Natur und das Leben überhaupt repräsentieren den Überfluss. Nahrung wächst ungeachtet, ob sie jemand anbaut oder braucht. Die Grundbedürfnisse wie Luft, Sonnenlicht und Boden als Lebensraum stehen frei zur Verfügung; es sind keine Nutzungsbedingungen vorhanden. Leben und sterben bilden

<HINTERFRAGEN LEICHT GEMACHT>

einen zyklischen, sich selbst regulierenden und harmonischen Ablauf. Nur der Mensch fügt sich hier nicht so ganz ein. Allerdings ist der Mensch auch das „jüngste" Wesen auf diesem Planeten. Er versucht sich selbst in den unterschiedlichsten Formen. Die Frage lautet nicht, welche davon die „Richtige" und welche die „Falsche" ist, sondern welche die *Nützlichste* ist. Würde der Mensch unter dieser Prämisse leben und sich von seinen Konzepten und Dogmen lösen, würde er wohl im Hier und Jetzt ankommen. Er könnte sein Handeln auf das *Jetzt* ausrichten: Was nützt mir und im Sinne der Liebe meinem Nächsten jetzt? Das Paradies würde möglicherweise sofort entstehen.

In den christlichen Glaubensgemeinschaften existiert in der Regel die Überzeugung, Gott werde die „Erbsünde" oder die „Unvollkommenheit" irgendwann beseitigen und die Menschen dadurch vom Leid befreien. Tatsächlich aber ist es offensichtlich, dass vieles, was zunächst als Leid erlebt wird, sich später als notwendige Lernaufgabe herausstellt, ohne die ein echtes Wachstum gar nicht möglich gewesen wäre. Wenn du auf dein eigenes Leben zurückblickst, wird dir vermutlich klar, dass alle Reife und Stärke, die du bis heute erreicht hast und alles, was deinen Charakter tiefgründig geformt hat, mit Leid verbunden war. Entwicklung findet statt, wenn wir an unsere Grenzen kommen. Jeder Wachstumsaufgabe lag Leid zugrunde. Wir sind wie der Leistungssportler, der immer ein wenig weiter als eigentlich möglich, durch den Schmerz hindurchgeht, er verbessert sich bis zur Meisterschaft. Leidensdruck zwingt den Menschen dazu, neue Handlungsoptionen zu suchen und zu erschaffen: Er wird kreativ, wächst über sich hinaus. In seiner Komfortzone hingegen findet er keine Tiefe; die Langeweile der Anspruchslosigkeit lässt ihn träge werden. Auch ist Leid die Grundlage für die Fähigkeit, Mitgefühl zu empfinden. Wer noch nie selbst gelitten hat, kann nicht wirklich mitfühlen. Mitgefühl aber ist ein wichtiger Baustein für Selbstlosigkeit, die wiederum untrennbar mit echter Menschlichkeit einhergeht. Damit wäre Leid ein notwendiger Pol auf der einen Seite, Zufriedenheit auf der Anderen. In dem Spannungsfeld dazwischen findet das Leben statt. Hier kann sich der Mensch selbst handelnd erfahren.

Ich möchte mit diesen Denkansetzen dazu anregen, die eigenen Denkgewohnheiten zu hinterfragen und wirklich zu beginnen, *neu zu denken*. Die Logik und Schlüssigkeit hinter den Lehren aller Glaubenskonstrukte ist immer eine Scheinbare. Sie beleuchtet und erklärt Ausschnitte des Ganzen, begrenzt durch den Zeitgeist, in welchem das Wünschen, die Nöte und die Ängste einer Epoche zusammengefasst sind. Und auch die Angst ist oft nur ein Papiertiger: Die Vorstellung, wie etwas schlimmstenfalls sein könnte, hat sie geformt. Zu oft wird aus dieser Vorstellung eine Überzeugung, der feste Glaube an eine Unabwendbarkeit. Das befürchtete Szenario tritt dann leider doch ein, weil man in dieser Überzeugung teilbewusst darauf hingearbeitet hat. Antoine de Saint- Exupéry, Kampfpilot und Schriftsteller, hat gesagt: „Die Wahrheit wird nicht von uns entdeckt, sondern erschaffen."

7.3 Freiheit

> *Freiheit ist das Recht, anderen zu sagen, was sie nicht hören wollen.*

George Orwell

Freiheit als Begriff für einen erstrebten Zustand wird in Kulten ebenso deformiert wie der Begriff der Liebe. Nur der Kult weiß, wie „echte" Freiheit aussieht. Wie weiter oben angedeutet, erlebt das Mitglied seine Unfreiheit nicht als eine Solche. Vielmehr herrscht die Illusion eines besonderen Wissens um die Welt und die Kräfte hinter dem Sichtbaren. Durch dieses besondere „Wissen", also durch die Erklärungsmuster der Glaubenskonzepte, wähnt man sich „frei" von der Welt. Und irgendwann einmal wird diese „Freiheit" den ganzen Planeten erfüllen. Sicher, diese Freiheit hat ihren Preis: der absolute Gehorsam gegenüber allen Weisungen

<HINTERFRAGEN LEICHT GEMACHT>

durch die Leitung, ein „aufopferungsvolles Leben", eine oft ständige Unterdrückung des „sündigen Fleisches", ein diszipliniertes Alltagsprogramm – aber letztlich ist der Preis wirkliche Freiheit.

In Wirklichkeit legt der Kult in seiner Lehre auch hier fest, *wovon* ein Mensch frei sein sollte. Nicht der einzelne Mensch selbst erfährt sich als handelndes Individuum in der Welt mit seiner Einzigartigkeit dank der vollen Entfaltung seiner Persönlichkeit, sondern die Einförmigkeit, getarnt als „Einheit", erzeugt ein elitäres Gefühl des Abgesondert seins vom Rest der Menschheit. „Selbstverwirklichung" ist nämlich nicht erwünscht. Auch hier greift die Kampfrhetorik: Selbstverwirklichung wäre „egoistisch" oder gar „teuflisch" und zeuge von mangelnder Demut.

Was ist tatsächliche Selbstverwirklichung? Ist es nicht das volle Ausschöpfen meiner Anlagen, die mir letztlich doch Gott verliehen hat? War nicht Jesus von Nazareth selbst völlig selbstverwirklicht? Wie sonst hätte er in dem aufgehen können, was er tat?

Unsere Kraft, unser volles Potential kann niemals vorgegebenen oder fremdbestimmten, generalisierten, also verallgemeinerten Zielen folgen. Unsere Kraft folgt unserer individuellen Begeisterung, dem Feuer, für das ich selbst brenne. Frei bin ich, wenn ich erkenne, wohin es mich führen will und ihm angemessen folgen kann. Dadurch bringe ich mich in die Welt ein, werde zum Gewinn im harmonischen Zusammenspiel mit der Vielfalt.

Freiheit muss auch die Dinge sehen, die man *nicht* sehen will. Freiheit muss eine wertungsfreie Haltung einnehmen können, sie muss sich selbst zum Objekt kritischer Beurteilung machen können. Und Freiheit akzeptiert, dass Fragen offenbleiben, Diskrepanzen bestehen dürfen und die eigene Ansicht nicht den Anspruch auf Absolutheit haben kann. Freiheit steht nicht unter Handlungszwang. In jedem Falle kann Freiheit nicht durch eine Unterwerfung unter ein bestimmtes Konzept zustande kommen. Der Psychologe Robert Betz sagt: *„Alle ‚Sollte' und ‚Eigentlich'- Sätze sind Kriegserklä-*

rungen an die Wirklichkeit und erzeugen Schuld- und Versagensängste". Das kann man leicht an sich selbst ausprobieren: Schon beim ersten Satz, den man mit „ich sollte mehr..." oder „hätte ich..." formuliert, spürt man deutlich den Stress, den er verursacht.

Freiheit wird im Kult immer begrenzt. Sie ist festgelegt auf die kulteigene Definition ist meist im Hier und Jetzt nicht zu erreichen und zu verwirklichen. „Freiheit" erlangt man in der Zukunft, vorausgesetzt, man ist den Vorgaben der Glaubensdoktrin streng gehorsam. Allerdings ist das keine Freiheit, sondern das Gegenteil: Durch Ausschluss abweichender Ideen, Vorstellungen und Ideale wird eine isolierte Atmosphäre geschaffen, die nur zulässt, was in die einzig gültige Definition von Freiheit passt. Eine solche lebt nicht durch einen Geist der Toleranz, des Respekts und der Achtung vor dem „Anderen", sondern dadurch, dass die *eine* Form von Freiheit verabsolutiert wird: Du hast die „Freiheit", dich zu kleiden wie du willst, die Musik zu hören, die dir gefällt oder der Beschäftigung nachzugehen, die deinen Neigungen entspricht – solange diese dem „göttlichen" – also durch den Kult definierten – beschnittenen und normierten Maßstab entsprechen. Dieser kastrierten Form von Existenz das Etikett „Freiheit" zu geben, ist eine Umdeutung des Begriffes an sich.

Begründet wird dies häufig damit, dass der Mensch nicht in der Lage sei, echte Freiheit leben zu können, weil das in Grenzenlosigkeit ausarte. Der Mensch sei außerstande, festzulegen, was für ihn und seinesgleichen ein nützliches Maß an Freiheit sei. Er benötige die Anleitung und Begrenzung durch eine höhere Instanz. Dabei wird übersehen, dass nicht die Freiheit, sondern die zugrunde liegende Geisteshaltung das Problem bei der Erzeugung von Leid ist. Ist *Liebe* die Triebkraft in einem Menschen, ist es ihm unmöglich, seine Freiheit zum Schaden anderer zu gebrauchen. Auch hier spielt wieder echte Verantwortlichkeit eine Schlüsselrolle: Wenn ich mich dem Leben an sich, dem Förderlichen verpflichtet fühle, wird auch meine Handlungsfreiheit nur entsprechende Früchte

<HINTERFRAGEN LEICHT GEMACHT>

tragen. So entsteht wirkliche Freiheit, echter „Pluralismus", also die Vielfalt von Meinung, Individualität und Menschlichkeit, durch eine eigenverantwortliche, erwachsene Haltung des Einzelnen heraus. Freiheit ist dann nicht die Summe dessen, was *nicht* gewünscht ist, sondern der wachsende, veränderbare und lebendige Prozess von Reifung und Wachstum. Das Ergebnis ist eine hohe Moral, die ihre Wurzeln in der Erfahrung des Einzelnen hat.

Eine solche Freiheit erhebt keinen absolutistischen Anspruch. Es ist keine Freiheit *von* etwas, sondern eine Freiheit *zu* etwas. Sie lebt nicht vom Ausschluss anderer Denkweisen, sondern von der Inklusion, also deren Einbeziehung.

7.4   Beweise?

Beweis ist die Zurückführung des Zweifelhaften auf ein Anerkanntes.

Arthur Schopenhauer

Wenn du „deine" Glaubensgemeinschaft bereits verlassen hast oder im Begriff bist, sie zu verlassen, dann wahrscheinlich hauptsächlich deshalb, weil du dir selbst bewiesen hast, dass vieles von dem, was sie lehrt, für dich falsch ist. Nun besteht die Gefahr, dass du auf der Suche nach dem „richtigen" Glauben bist. Ungeachtet dessen ist es durchaus wünschenswert, dass du *den für dich richtigen Glauben* findest, allerdings besteht dann das Risiko, dass du vom Regen in die Traufe kommst. Wenn du dich von einem Glaubenssystem befreit hast, bedeutet das nämlich nicht, dass du automatisch immun gegen ein anderes, ähnliches bist, nur weil es vielleicht einige Lehren liberaler und offener auslegt oder dem Einzelnen scheinbar mehr Freiheit lässt. Wie bereits am Anfang festgestellt wurde, arbeitet unser Verstand lösungsorientiert. Er möchte durch Schlüssigkeit befriedigt werden. Deshalb liebt er „Beweise". Das ist verständlich; als bewiesen werden konnte, dass die Erde nicht das Zentrum des Sonnensystems ist, änderte sich die offizielle

<HINTERFRAGEN LEICHT GEMACHT>

Lehre darüber. Der Beweis ermöglicht den Glauben, er geht ihm Voraus.

Und jetzt betreten wir schlüpfrigen Boden. Ein Beweis ist nämlich nicht unbedingt automatisch eine unumstößliche Tatsache oder ein Indiz für einen eindeutigen Sachverhalt. In Deutschland beispielsweise gibt es nach wie vor eine große Anzahl von Personen, Gruppen und sogar Parteien, die Ausländer für die hohe Arbeitslosigkeit im Land verantwortlich machen, obwohl die Zahlen das Gegenteil zeigen. Diese Personen beobachten den „Beweis" (die Arbeitslosigkeit) ihrer Theorie in der Welt. Dergleichen passiert ständig. Albert Einstein, der sich als Physiker im Prinzip nur mit „harten Fakten" auseinandersetzte und nicht mit weltanschaulichen Fragen, sagte: „Die Theorie bestimmt die Beobachtung". Diese Aussage trifft den Punkt: Beweise sind oft nur Scheinkorrelationen. Sie werden instrumentalisiert, um für die Idee, welche den Beobachter antreibt, passend gemacht zu werden. Keinesfalls aber weisen sie automatisch in die „richtige" Richtung. Es dürfte beispielsweise als bewiesen gelten, dass der moderne Mensch (Homo Sapiens) seit mehr als 100000 Jahren auf der Erde lebt. Diese Beweise sind evident; es sind Fakten. Nun ist dieser Umstand aber noch lange kein Beweis dafür, dass der biblische Schöpfungsbericht „falsch" ist. Es ist nur ein Beweis dafür, dass er nicht *buchstäblich* verstanden werden darf. Noch unzulässiger wäre es, vom wissenschaftlich belegbaren Menschenalter auf eine totale „Falschheit" der Bibel an sich zu schließen.

Dabei begegnen wir oft wie auch bei jeder anderen Manipulationsform dem „falschen Dilemma": eine Situation oder eine Fragestellung wird so reduziert, als gäbe es nur *entweder* die eine oder die *andere* Möglichkeit. Eine weitere Option, die möglicherweise noch im Dunkeln liegt, oder eine „sowohl als auch- Lösung" werden nicht zur Debatte gestellt. Das würde auch dem Wahrheitsanspruch und der selbsterklärten Interpretationshoheit des Kultes widersprechen. Dieses Phänomen ist natürlich nicht auf Kulte be-

<HINTERFRAGEN LEICHT GEMACHT>

schränkt; es findet sich ebenso in der Politik, der Wirtschaft und in der Ethik im Allgemeinen. Dabei wird oft Augenwäscherei betrieben: Es werden Dinge miteinander verglichen, die sich nur *scheinbar* ähneln, aber der Logik schmeicheln. Bei genauerem Hinsehen wird klar, dass hier Äpfel mit Birnen verglichen werden. Die Ebenen werden vermischt, die Trennungen werden unscharf oder aufgehoben. Das schaffen radikale Atheisten übrigens genauso gut wie fundamentalistische Freikirchen.

Beweise können immer nur aus der *Erkenntnisfähigkeit* gezogen werden, die dem Beobachter zur Verfügung steht. Darin versteckt sich schon eine gewisse Begrenztheit, da sich dem menschlichen Geist vieles entzieht: Die Quantenphysik, das Verständnis von Zeit, Naturphänomene wie Kornkreise, die Frage nach der Existenz außerirdischen Lebens (physische oder geistige Wesen), das (Nicht-)Wissen über Zustände jenseits des Todes, Metaphysische- oder Transpersonale Phänomene – all das sind Beispiele für Dinge, für die wir nur sehr bedingt Verständnis haben können. Zum einen fehlen uns die nötigen Werkzeuge, die einen eindeutigen Nachweis für solche Phänomene liefern könnten. Zum anderen stößt der menschliche Verstand an seine Grenzen. Zudem scheint es in unserem Kosmos wahrscheinlich, dass paradoxerweise mehrere Möglichkeiten *gleichzeitig* existieren können. Für alles findet sich ein Beweis – und oftmals finden sich für das Gleiche ebenso viele Gegenbeweise, die ihrerseits nicht weniger schlüssig sind. Außerdem leben wir in einer Zeit, in der Nichterklärbares ein Tabu ist. Die Logik möchte befriedigt werden.

Gerade auf dem Gebiet der Religion fehlt es Beweisen an Empirie; deshalb ist seriöse Theologie ebenso wenig wie seriöse Philosophie bemüht, etwas zu „beweisen". Das ist ebenso unmöglich, wie die Schönheit eines Bildes durch die gute Qualität der verwendeten Farben beweisen zu wollen. Der menschliche Geist möchte aber gerne das Unbeweisbare beweisbar machen. Er schließt von seiner Alltagsbeobachtung auf das Universelle und Ewige. Aber gerade die harte Wissenschaft der Physik zeigt, dass unsere Alltagswahrnehmung nicht dazu taugt, die Wirklichkeit zu erkennen. Im Gegenteil: die Täuschung scheint eher häufig und darf als normal gelten!

Dem Kult ist eine solche Uneindeutigkeit zuwider. Er bedient den Wunsch des Menschen nach Antworten. Dabei unterscheidet er sich in seiner Praxis oft nicht wesentlich von der Werbeindustrie oder der Politik: Ein Problem wird erschaffen und anschließend eine passende Lösung, die als alternativlos gilt, geliefert.

Das wirklich Metaphysische, Mystische ist dem Menschen eher unheimlich. Der spirituellen Erfahrung, die nicht erklärbar ist, die individuell und die nicht zu verallgemeinern ist, wird tendenziell misstraut, sie wird oft abgewertet oder belächelt. Ihre Inhalte sind nicht beweisbar. Aber gerade diese Erfahrungen sind es, die nachhaltige Tiefe geben, die bleibend und glaubensformend sind. Sie müssen nicht erlernt werden, nicht geübt und nicht trainiert. Sie verlangen keine Leistung und nicht die Zugehörigkeit zu einer Kirche oder einem Glauben. Diese Erfahrungen sind universell, schließen alles ein und erzeugen Frieden statt Trennung. Wer Frieden in sich selbst gefunden hat, ist nicht mehr zum Krieg fähig.

Vertraue daher auf deine Intuition. Lerne, deine innere Stimme zu hören. Peace Pilgrim schreibt in ihrem Buch *Schritte zum inneren Frieden*: „Es gibt ein Kriterium, wonach du beurteilen kannst, ob die Gedanken, die du denkst, und die Handlungen die du tust, richtig sind für dich. Das Kriterium ist: Haben sie dir inneren Frieden gebracht? Wenn nicht, dann ist etwas falsch mit ihnen – also versuche es weiter."

<DER UMGANG MIT DEN ZURÜCK- GELASSENEN>

8 Der Umgang mit den Zurück- gelassenen

Es ist besser, für die Person gehasst zu werden, die man nicht ist, als für die Person geliebt zu werden, die man nicht ist.

Kurt Cobain

Wenn du einen Kult, eine Glaubensgemeinschaft oder irgendein geschlossenes System verlassen hast oder daraus ausgeschlossen wurdest, stehst du zunächst ziemlich alleine da. Kein Online- Forum und keine Community kann dieses Gefühl wirklich auffangen. Wenn der Bruch mit der Gemeinschaft vollständig ist, also offiziell vollzogen wurde und alle alten Kontakte beendet wurden, entsteht ein gewaltiges Loch, welches mit tragfähigen neuen Beziehungen gefüllt werden kann und muss. Doch selten ist es so, dass gar kein Kontakt zu Personen aus dem alten Bekanntenkreis mehr besteht. Zumindest mit einigen Familienangehörigen wird ein gewisser Kontakt bestehen bleiben. In der Zeit nach deiner Ablösung kann diese Zeit sehr heikel werden. Das liegt darin begründet, dass du, wie bereits angedeutet, eine Rolle einnimmst, die bereits feststeht. Du bist der Abweichler, der Sünder. Du bist das nicht tatsächlich, sondern vielmehr ist diese Rolle bereits vorgefertigt da. Erinnere dich daran, wie du über Personen gedacht hast, die die Gemeinschaft verlassen haben oder exkommuniziert wurden: Die Schuld lag in jedem Falle bei ihnen. Mildernde Umstände gab es selten, nie aber gab es eine wirkliche Rechtfertigung dafür. Das kann es auch gar nicht: Wenn man das „Richtige" verlässt, ist man automatisch im „Falschen". Dieses dualistische, dichotome Denken, welches die komplexe und vollständige Wirklichkeit simpel in Gut und Böse einteilt, entzieht dem Einzelnen das Recht auf seine eigene Wahrnehmung und auf daraus resultierende Schlüsse, die er ziehen mag. Der Einzelne kann niemals „im Recht" sein. Auch hier spielt wieder das Schuldkonzept eine wichtige Rolle. Du erinnerst dich: Nur Aufgrund deiner Treue zu Gott (sprich: zur Glaubenslehre)

<DER UMGANG MIT DEN ZURÜCK- GELASSENEN>

bist du Lebens- würdig. Dieses Urteil lastet auf dir und du wirst dich mit keiner noch so großen Anstrengung davon befreien können. werde dir darüber klar, dass es unmöglich ist, zurück- gelassene Menschen davon zu überzeugen, dass du nicht den Glauben, sondern nur das System hinter dir gelassen hast, welches dir in deinem Glauben keine Hilfe mehr ist[5].

Du bist weitergegangen, hast deinen Weg weiterverfolgt und bist nicht stehen geblieben. Das hat schließlich zu einer unüberwindbaren Distanz zu den Personen geführt, mit denen du früher eng verbunden warst. Doch diese Verbundenheit beruhte nicht vollständig auf Authentizität, nicht auf Echtheit, sondern auf Konsens. Diesen Konsens gibt es nun nicht mehr. Dein Weg, dein Weitergehen ist für sie inakzeptabel, denn sie können nicht mitgehen. Sie sind nicht frei dazu. Sie müssen zurückbleiben. Sie können und dürfen deine Gründe und innersten Motive gar nicht verstehen. Eine solche Offenheit würde die Integrität des geschlossenen Systems gefährden. Es ist daher nützlich, wenn du dich nicht mit Rechtfertigungen verschleißt. Jede Erklärung deinerseits ist für die Zurück- gelassenen ein Angriff auf ihre Überzeugung.

Wenn du exkommuniziert (ausgeschlossen) wurdest, bist du ein Opfer psychischer Gewalt. Liebesentzug, der Entzug von Freundschaft und Nähe „auf Verordnung" sind nichts anderes als eine solche Form von Gewalt. Auch wenn du aus eigener Initiative die Gemeinschaft verlassen hast, erfährst du diese Form von Gewalt. Die Rolle von Opfer und Täter wird allerdings von den zurückgelassenen Glaubensangehörigen vertauscht. Du wirst zum Täter gemacht: *Du* bist es, der enttäuscht hat, *du* hast dem Teufel in die Hände gespielt, *du* hast Gott verlassen, *dir* fehlt die nötige Demut,

---

[5] Bei der Wahl einer passenden Bezeichnung für diesen Personenkreis fiel mir auf, wie schwer sich das gestaltet: ich habe mich für *Zurück- gelassene* entschieden, auch wenn das im ersten Moment einen negativen Beigeschmack hat.

<DER UMGANG MIT DEN ZURÜCK- GELASSENEN>

denn *du* bist selbstsüchtig, egoistisch oder fehlgeleitet und verblendet.

Mach dir keine falsche Hoffnung; es wäre illusorisch, zu glauben, du könntest deinen Standpunkt auf eine Weise vermitteln, die von den Zurück-gelassenen wirklich verstanden und respektiert werden würde.

Diese Hilflosigkeit, die manchmal zu Verzweiflung werden kann, musst du zunächst zulassen. Allein die Zeit wird deutlich machen, dass du nicht den vorgefertigten Klischees über „Aussteiger" oder „Ehemalige" entsprichst – es geht nicht um deine Rehabilitation. Es geht um dein Lebensglück, und das liegt im Jetzt und in der Zukunft. Du kannst im Falschen nicht das Richtige tun. In der Welt der Zurück- gelassenen bist du der Verräter.

Behalte dabei aber im Sinn, dass die Zurück- Gelassenen nicht die Freiheit haben, das anders zu sehen. Sie haben keine Wahl. Ihre Meinung über dich und ihr Verhalten dir gegenüber entstammen einem Dogma, das wichtiger ist als Echtheit. Die Wirklichkeit muss diesem Dogma untergeordnet werden. Dafür wird Freundschaft, Offenheit und Toleranz geopfert; ansonsten würden die Betreffenden ihren Glauben verraten. Sie können den Spagat nicht schaffen zwischen menschlicher Wärme und Glaubensdogma; die Kluft ist unüberwindbar.

Nicht alle brechen den Kontakt völlig ab. Insbesondere familiäre Bande erlauben es auch innerhalb der Glaubenslehre, einen gewissen Kontakt zu dir aufrecht zu erhalten. Wenn du mit Zurück- gelassenen Menschen, vielleicht mit Angehörigen sprichst, ist es sinnvoll, der flexible Teil der Gesprächsparteien zu sein. Wenn du dir immer wieder klar machst, dass dein Gegenüber sein Glaubenskonzept nicht Infrage stellen darf, wirst du ihn nicht zu neuen gedanklichen Ufern drängen. Er würde damit in die Defensive geraten, die er nicht lange halten kann, denn echte Erfahrung siegt immer über theoretische Konzepte: Du bist daher immer überzeu-

<DER UMGANG MIT DEN ZURÜCK- GELASSENEN>

gender. Dann würde die kleine Basis des Vertrauens, die vielleicht gegeben ist, auch noch weggespült werden. Du sprichst die „Sprache" der Zurück- gelassenen, sie aber nicht deine.

Versuche auch nicht, Zweifel zu säen. Entweder kommen diese von selbst oder gar nicht. Zumindest in der ersten Zeit, wenn dein Weggang noch frisch ist, bist du in den Augen der Zurück- Gebliebenen nicht glaubwürdig. Später, wenn du trotz ihrer düsteren Prognosen ein relativ glückliches und gefestigtes Leben führst, hast du eine neue Basis und vor allem die nötige innere Distanz, um Themen rund um den Glauben anzusprechen oder dich solchen Fragen zu stellen, solltest du dann noch ein Interesse daran haben.

Konfrontatives Verhalten wird den bestehenden Konflikt nur vergrößern.

Es kann sinnvoll sein, zunächst alle Themen rund um den Glauben bzw. das Glaubenssystem völlig wegzulassen. Zeige Verständnis für die Trauer der Zurück- gelassenen. Sollten sie dich völlig meiden, suche nicht von dir aus den Kontakt: Du zeigst dadurch die Stärke, die hinter deiner Entscheidung steht, gleichzeitig demonstrierst du Respekt vor dem Glaubensdogma. Das kann schwer sein, weil du dich vermutlich ungerecht behandelt und unverstanden fühlst. Du würdest aber gegen Windmühlen kämpfen. Deine Zukunft liegt woanders. Du wirst Menschen kennen lernen, die dich bedingungslos akzeptieren und dich in deiner wirklichen Natur annehmen und unterstützen. Versuche, dich nicht über deine Vergangenheit zu definieren; verstricke dich nicht in einen Kampf gegen deine Vergangenheit oder gegen das System. Es wird weiterhin bestehen, du wirst es ebenso wenig schädigen können, wie du Verständnis für deine Entscheidungen bei den Zurück- gelassenen erwirken kannst.

<Der Umgang mit den Zurück- gelassenen>

8.1   Bekehrungsversuche

In vielen Glaubensgemeinschaften ist es eine gängige Praxis, ehemalige Mitglieder wieder für den Glauben oder die Gruppe zu gewinnen, sie also zu reaktivieren. In nicht wenigen Fällen haben diese Maßnahmen „Erfolg". Nach einem Ausschluss aus einer Gemeinschaft identifiziert sich der oder die Ausgeschlossene oft noch lange mit den Werten der Gemeinschaft. Daher ist es wichtig, dass eine De- Identifizierung stattfindet und eigene, freie und neue Werte gebildet werden, um sich aus der vorgefertigten Rolle des Ausgeschlossenen lösen zu können. Ist dies nicht geschehen, finden Bekehrungs- und Wiedereingliederungsversuche natürlich Anknüpfungspunkte. Der alte Lebenssinn wurde noch nicht durch einen Neuen ersetzt und kann oder will wieder aktiviert werden. Das ist aber – wie gesagt – nur möglich, wenn der Betreffende nur äußerlich, nicht aber wirklich vollständig das Glaubenssystem hinter sich gelassen hat.

Solltest du dich solchen Versuchen ausgesetzt sehen, ist es sinnvoll, diese zumindest anfänglich vollständig abzublocken. Dein Standpunkt wurde nicht verstanden und nicht akzeptiert und er wird es auch heute nicht. Es kann also niemals ein Dialog auf Augenhöhe stattfinden, in welchem deine Position als gleichberechtigt stehen gelassen wird. Deine jetzige Überzeugung, die neue Ausrichtung deines Lebens kann nicht akzeptiert werden, denn du wirst nicht als freies Individuum angesehen, sondern als verblendet und irregeführt. Du erfüllst für sie eine Rolle, in der du in Wirklichkeit gar nicht steckst. Im Denksystem deiner ehemaligen Glaubensbrüder und Gefährten bist du einfach auf dem falschen Weg und möglicherweise sind sie wirklich von Liebe getrieben, wenn sie dich zu beeinflussen suchen. Dennoch bleibt ihnen der Zugang zu deiner Welt versperrt, da sie ihr geschlossenes System nicht verlassen können und dürfen – die Schutzfunktion der Denkstopmechanismen lässt dies nicht zu. Deshalb kannst du auch keinen echten Respekt von ihnen erwarten. Die beiderseitige Ent-

<DER UMGANG MIT DEN ZURÜCK- GELASSENEN>

täuschung ist vorprogrammiert. Respektiere du hingegen ihre Grenzen, denn du bist der beweglichere Teil. Du kennst sowohl die „Innenansicht" als auch die „Außenansicht" der verspiegelten Glaskugel. In diesem erweiterten Spektrum im Denken hast du eine Freiheit erreicht, in welcher du dir nie mehr das Paradies versprechen lassen wirst.

<NACHGEDANKEN>

9 Nachgedanken

Willigis Jäger schreibt in seinem Buch „Westöstliche Weisheit":

> *In jedem Menschen ist eine tiefe Sehnsucht nach letzter Erfüllung angelegt. Darum sagt Paulus, die ganze Schöpfung seufzet nach Vollendung. In jedem Menschen ist dieser Hunger nach Erfüllung und Ganzheit angelegt. Wir können uns einer Religion anschließen, die uns auf dem Weg begleitet. [...] Spiritualität ist nicht das Monopol einer Religion. Diese Urwirklichkeit ist nicht an unsere Vorstellungen gebunden. Wir sollten unserer Sehnsucht nach Erfüllung folgen.*

Es ist unzweifelhaft sehr belastend, als „abtrünnig" oder als „Sünder" abgestempelt worden zu sein. Sei dir darüber im Klaren, dass du es mit keiner Anstrengung schaffen wirst, dieses Etikett innerhalb deiner ehemaligen Gemeinschaft los zu werden. Allerdings arbeitet die Zeit für dich: Es wird dir gleichgültig, was ein gutes Indiz dafür ist, dass du einen gesunden Abstand gewonnen hast. Darüber hinaus wird erkennbar, dass du nicht, wie im Kult prognostiziert, ins Unglück abrutschst. Du kannst dich aber niemals rechtfertigen. Deshalb ist es ratsam, sich von diesem Wunsch möglichst früh zu verabschieden. Das Ego schreit nach „Gerechtigkeit" und fordert „Verständnis"; aber wenn du diese oberflächlichen Impulse still hältst, wird es dir möglich, mit allem Frieden zu schließen und du hörst auf, dich innerlich daran aufzureiben.

Die Erfahrung, in einem Kult gewesen zu sein, ist von unschätzbarem Wert. Sie lehrt uns so viel über uns und die Menschen und sie ist ein Schlüssel zu unseren Sehnsüchten. Nun können wir zu einer größeren menschlichen Reife kommen, echte Kritikfähigkeit entwickeln und lernen, uns nicht instrumentalisieren zu lassen. Möglicherweise fühlen wir uns Gott oder dem Göttlichen näher als je zuvor. Wir lernen nun aus dieser Erfahrung, was Authentizität

<NACHGEDANKEN>

ist und wir gehen bewusst durch die Welt. Der Anfang ist getan. Ich wünsche dir eine glückliche, selbstbestimmte Zukunft!

Hier sind wir angekommen, beginnen wir

erkennen, erhoffen, wissen, träumen

in Klarheit und Liebe

Befreit von uns selbst

durch uns selbst

Befreit von der Armut kleiner Abhängigkeit

Befreit von der Enttäuschung der Erwartungen

Befreit von der Enge falscher Nähe

Lass uns nun aufbrechen-

Lass uns finden, was wir suchen wollen

Lass uns Leben, woran wir glauben

Lass uns sein, wer wir sind!

<LITERATURHINWEISE>

10 Literaturhinweise

COELHO, PAULO: *der Alchimist* (Roman, erschienen bei Diogenes)

XIV. DALAI LAMA: *Mit dem Herzen denken* (Fischer)

DECKERT, BRUNO: *All along the Watchtower- eine psychoimmunologische Studie*, V+R Verlag (Es handelt sich hierbei um eine Dissertation, die sich am Beispiel der Glaubensgemeinschaft der Zeugen Jehovas mit der Kultdynamik befasst)

DUHM, DIETER: *Terra Nova. Globale Revolution und Heilung der Liebe.* (Verlag Meiga)

FINKELSTEIN, ISRAEL und SILBERMANN, NEIL: *keine Posaunen von Jericho. Die Archäologische Wahrheit über die Bibel* (dtv)

FROMM, ERICH: *Die Kunst des Liebens*

HASSAN, STEVEN: *Ausbruch aus dem Bann der Sekten* (Rohwolt)

HESSE, HERRMANN: *Siddharta* (Erzählung)

JÄGER, WILLIGIS: *Westöstliche Weisheit. Visionen einer integralen Spiritualität.* (Theseus)

KÜNG, HANS: *Was bleibt - Kerngedanken* (Piper)

KÜNG, HANS: *Was ich glaube* (Piper)

LÜTZ, MANFRED: *Gott. Eine kleine Geschichte des Größten* (Knaur)

ROHMANN, DIETER: Ausstiegsberatung über seine Homepage www.kulte.de

STAMM, HUGO: *Sekten- im Bann von Sucht und Macht. Ausstiegshilfen für Betroffene*

STORL, WOLF- DIETER: *Streifzüge am Rande Midgards* (Koha)

<LITERATURHINWEISE>

WATZLAWICK, PAUL: *Wie wirklich ist die Wirklichkeit? Wahn, Täuschung, Verstehen* (Piper)

<MEIN HINTERGRUND>

11 Mein Hintergrund

Ich bin Jahrgang 1973 und als ein Zeuge Jehovas aufgewachsen. Mit 16 Jahren wurde ich getauft und hatte später innerhalb der Organisation auch einen Lehr- und Hirtenauftrag inne. In diesen Jahren konnte ich die verschiedenste Bereiche der ZJ- Praxis kennenlernen, unter anderem die Deutschlandzentrale und das „Baukomitee" sowie verschiedene Gemeinden in Bayern, Baden Württemberg und Berlin. Das Thema „Ausstieg" beschäftigte mich schon früh, als mein damals bester Freund die Gemeinschaft verließ und wir zehn Jahre keinen Kontakt miteinander hatten.

Nach mehrjähriger intensiver Auseinandersetzung mit der Theologie und Glaubenspraxis der ZJ brach ich mit der Gemeinschaft 2009 im Alter von 36 Jahren. In Folge dessen scheiterte auch meine damalige Ehe und ich erlebte ein familiäres Zerwürfnis. Ich befasste mich weiterhin mit Philosophie und Religion, absolvierte ein zweijähriges Fernstudium als Psychologischer Berater und schrieb meine Abschlussarbeit zum Thema „Mitglieder religiöser Sondergruppen und Kulte – eine besondere Problemstellung in der Beratungspraxis" (erhältlich im GRIN- Verlag). Es folgte eine Umschulung zum Jugend- und Heimerzieher, in der Praxis das Arbeitsfeld Sozialpsychiatrie und Behindertenarbeit.

Zeitfracht Medien GmbH
Ferdinand-Jühlke-Straße 7
99095 Erfurt, Deutschland
produktsicherheit@kolibri360.de